中國學術思想 研究輯刊

十五編

林慶彰 主編

第7冊

《程頤易傳》大義探微（下）

毛炳生 著

花木蘭文化出版社

國家圖書館出版品預行編目資料

《程頤易傳》大義探微（下）／毛炳生 著 — 初版 — 新北市：
花木蘭文化出版社，2013〔民 102〕
目 2+160 面；19×26 公分
（中國學術思想研究輯刊 十五編；第 7 冊）
ISBN：978-986-322-113-5（精裝）
1. 易經　2. 研究考訂
030.8　　　　　　　　　　　　　　　　　　102001944

ISBN-978-986-322-113-5

9 789863 221135

中國學術思想研究輯刊
十五編　第 七 冊　　　　　　ISBN：978-986-322-113-5

《程頤易傳》大義探微（下）

作　　者　毛炳生
主　　編　林慶彰
總 編 輯　杜潔祥
出　　版　花木蘭文化出版社
發 行 所　花木蘭文化出版社
發 行 人　高小娟
聯絡地址　235 新北市中和區中安街七二號十三樓
　　　　　電話：02-2923-1455／傳真：02-2923-1452
網　　址　http://www.huamulan.tw 信箱 sut81518@gmail.com
印　　刷　普羅文化出版廣告事業
封面設計　劉開工作室
初　　版　2013 年 3 月
定　　價　十五編 18 冊（精裝）新台幣 30,000 元

《程頤易傳》大義探微（下）

毛炳生　著

目次

上　冊

導　論 ……………………………………………………………… 1

第一章　《程傳》價值論 …………………………………………… 7

　第一節　「異端紛擾者千四百年」之回顧 ……………… 7

　第二節　程頤所處之政治背景 ………………………… 13

　第三節　二程論王安石學術之弊 ……………………… 28

　第四節　《程傳》價值商兌 …………………………… 36

　第五節　今人研究成果略論 …………………………… 42

第二章　《程傳》淵源論 ……………………………………… 53

　第一節　儒學應以孔學爲圭臬 ………………………… 54

　第二節　孟子爲孔學正統傳人 ………………………… 71

　第三節　荀子學理歧出於孔門 ………………………… 85

　第四節　《程傳》儒學與易學之淵源 ………………… 103

第三章　《程傳》外緣論 ……………………………………… 123

　第一節　書名論 ………………………………………… 124

　第二節　卷數論 ………………………………………… 127

　第三節　體例論 ………………………………………… 130

　第四節　傳授論 ………………………………………… 132

　第五節　〈易序〉之作者問題 ………………………… 135

　第六節　〈上下篇義〉之作者問題 …………………… 139

附錄一 〈易序〉 ………………………………………… 142

附錄二 〈易講義序〉 …………………………………… 143

附錄三 〈上下篇義〉 …………………………………… 144

第四章 《程傳》方法論——以《十翼》之法解易理

　………………………………………………………………… 147

　第一節 程頤易觀析論 ………………………………… 148

　第二節 《程傳》「不及象數」辨 …………………… 161

　第三節 以〈象傳〉之法解易理 …………………… 166

　第四節 以〈象傳〉之法解易理 …………………… 188

　第五節 以〈序卦〉之法解易理 …………………… 197

　第六節 以〈繫辭〉之法解易理 …………………… 208

　第七節 以〈文言〉之法解易理 …………………… 213

下　冊

第五章 《程傳》義理論——以儒家之道與易理等同

　………………………………………………………………… 219

　第一節 老子之道體與道用 ………………………… 219

　第二節 程頤與老子道論之異同 …………………… 229

　第三節 程頤之道論及其理學 ……………………… 234

　第四節 治國之道與君臣之義 ……………………… 255

第六章 《程傳》應用論——隨時變易以從道也 … 281

　第一節 程頤對卦爻時位德性之理解與應用 ……… 281

　第二節 程頤對應比相與之理解與應用 …………… 315

　第三節 程頤對二體與卦才之理解與應用 ………… 338

餘　論 …………………………………………………… 351

參考文獻 ………………………………………………… 357

附錄一 本論文引用人物生卒年表 …………………… 365

附錄二 有關程頤易學之期刊論文 …………………… 373

後　記 …………………………………………………… 377

第五章 《程傳》義理論
——以儒家之道與易理等同

元祐二年（1087）十一月，程頤任崇政殿說書，被劾去官，改權管勾西京國子監。程頤上表乞歸田里，先後三狀，朝廷皆不答。程頤再乞致仕，亦先後三狀，朝廷仍不報。程頤去意甚堅，朝廷留意亦固。處事觀念，各有異同，斯衝突之所由起也。究程頤六狀之辭意，謂去就乃出於義理，皆「據於經義，非出私意」，並云其理「學道者所共知也」。程頤乃北宋道學重要之奠基者，其學後世稱爲「理學」；然「理學」之名實非程頤本意。《宋史》特立《道學傳》，載其人物，別於《儒林傳》，以褒其學術之貢獻，頗具卓識。其意已示《道學傳》人物之質性，與《儒林傳》之人物不同矣。然則程頤之「道」爲何物？又有何義理？其學術淵源又如何也？本章即論其道學之旨趣，明其義理，別其淵源之所自。並論其道用，以見程頤之政治懷抱。

第一節 老子之道體與道用

「道」之一詞，先秦儒家與道家典籍均見。孔子浮雲之喻，以「道」之標準分判富貴與貧賤之取捨去就，見於《論語》。老子之「道論」與「道用」，即爲道學之根據，見於《道德經》。孔、老學說爲先秦九流十家中之二大主流，二人之道觀與道用向爲世人所重視。然孔子罕言天道，老子則唯天道是依。程頤嘗斥王弼注《易》，元不見道，但以老莊之說解經而已。但程頤亦嘗引老子之言，謂道生一，一生二，二生三，三生萬物，可見亦部分同意其說。老子是道家之始創人物，程頤爲孔孟之後繼傳人，卻倡道學，自謂所傳習者皆

聖人之道。兩人對「道」之認知，有何異同，其中可有淵源關係，實值得探討。程頤道之於孔孟，又有何異同？也頗堪玩味。本節即明其所以，梳其脈絡，以見學術之源流。老子之意，當以《道德經》爲本；程頤之意，則以《程傳》爲據，而參酌朱熹等人所輯《二程全書》；至於儒家之道，《論語》、《孟子》與《荀子》三書而已。

老子《道德經》五千字，文約而意廣，言簡而旨遠。後人研究甚夥，累計過千百萬言，汗牛充棟，不以爲過。愚讀《道德經》，以王弼注本爲主，酌參諸家。唐君毅嘗釐析老子之道有六義：即有通貫異理之用之道、形上道體、道相之道、同德之道、修德之道及其他生活之道、爲事物及心境人格之狀態之道。〔註 1〕又以「人法地，地法天，天法道，道法自然」之四層義理解構老子之道體與道用。〔註 2〕本文非專論老子者，其道學哲理之深層意義乃哲學家理所當然應探求之對象，而本文僅就學術思想史之角度討論其與程頤道學之關係，故點到即止。前人論程頤之道學，以爲皆反老子者，而鮮與老子作比較，咸認爲程頤之道直承孔孟；二程亦以爲其道學自承孔孟。本文則嘗試辨其異同，以見學術思想殊途同歸之旨也。老、程之道學異同，茲歸納爲道論與道用二者分言之。

一、道論

老子對道之理解，《道德經》開宗明義即曰：

> 道可道，非常道；名可名，非常名。無名，天地之始；有名，萬物之母。故常無，欲以觀其妙；常有，欲以觀其徼。此兩者，同出而異名，同謂之玄。玄之又玄，眾妙之門。（第一章）〔註 3〕

〔註 1〕 說見《中國哲學原論・導論篇》，頁 348 至 365。台北學生書局，1978 年。

〔註 2〕 說見《中國哲學原論・原道篇弍》，頁 288 至 340。台北學生書局，1978 年。

〔註 3〕 《道德經》本文據樓宇烈《王弼集校釋・老子道德經注》引錄，然句讀則不全依王弼，參考眾家。蓋王弼以「常無欲」、「常有欲」連讀，斷句在「欲」後，文氣與古人習慣語法不合，似非老子原意。「欲以」爲副詞，應連讀，考諸古籍，皆不誣也。如《左傳》「僖公四年」：「晉獻公欲以驪姬爲夫人。」乃上下連讀也。《左傳》十五例皆無「欲」、「以」斷句者。又如《孟子》：「乃孔子欲以微罪行，不欲爲苟去。」（〈告子下〉）亦「欲以」連讀。據朱謙之《老子校釋》，〔唐〕易州龍興觀《道德經》碑本無「故」、「以」兩字，其文爲「常無，欲觀其妙；常有，欲觀其徼。」故「欲以」應連讀而屬下文。

又：「無名天地之始，有名萬物之母」句，有作「無，名天地之始；有，名萬

依老子之意，道乃無以名狀者，因其無形狀可尋也。一落言詮，即難稱全道矣。「名」是稱謂、形容之意。人類文明，稱謂始起。蓋吾人不得不以稱謂形容萬物，而作彼此溝通之憑藉也。故老子用言，非常謹慎，反覆申言，不拘一語。「無」、「有」之詞（名），僅言道體之狀態。「無」，指其非實相，以為天地未始創之時，此非實相即已存在；「有」，指其功能，功能無實相，乃為天地萬物創生之動力也。〔註4〕「母」，比擬之詞，象徵創生，創生之動力即存在於吾人所認知之母體中。此非實相之道，即天地萬物創生之母體也。韓非子〈解老〉云：「道者，萬物之所然，萬理之所稽也。」〔註5〕道既非實相，無可目覩，亦無可觸摸，以「無」、「有」之心觀照天地萬物，自能體悟，得其妙徼，知其玄理。「玄之又玄」者，謂此非實相之道，深不可測耳。

老子又曰：

> 視之不見，名曰夷；聽之不聞，名曰希；摶之不得，名曰微。此三
> 者，不可致詰，故混而為一。其上不皦，其下不昧，繩繩不可名，
> 復歸於無物，是謂無狀之狀，無物之象，是謂惚恍。（第十四章）

此章續言道體「無」之狀態也。非視覺、聽覺、觸覺所能感受者，無以名狀。此無實相之道，乃超越人類經驗之存在。王弼注云：「欲言無邪，而物由以成；欲言有邪，而不見其形。」〔註6〕故為「無狀之狀，無物之象」也。似無還有，故老子用「惚恍」形容之。「惚恍」，又作「恍惚」；第二十一章：「道之為物，惟恍惟惚。」王弼注：「恍惚，無形不繫之歎。」無形可覩，無聲可聽，無物可觸，歎道體之難以捉摸也。

老子又曰：

> 有物混成，先天地生。寂兮寥兮，獨立不改，周行而不殆，可以為
> 天下母。吾不知其名，字之曰道，強為之名曰大，大曰逝，逝曰遠，
> 遠曰反。（第二十五章）

此章言道體「有」之狀態。道體雖具創生之動力，惟如「無」之狀態，非能目覩而可直指者，非現象界之實相，故亦無形狀可尋，只能云「有物混成」。

物之母」斷句者。「無」、「有」皆指道體之狀態，同生於道。此意，由下文「此兩者，同出而異名」可推知。無、有兩句，縱錯為文，實則一意。意謂無、有皆道所生，為天地萬物之始母也。兩種句讀均可解通，不必拘泥，故仍據王本。

〔註4〕 「動力」一詞，據徐復觀之意。見《中國人性論史·先秦篇》，頁329。
〔註5〕 《韓非子集釋》第六卷，頁365。
〔註6〕 《老子道德經注》上篇，《王弼集校釋》頁32。

「混成」之意，乃言道體動力發作之時也。第十四章「混而為一」，形容道體之靜態；「混成」，則言其動態。〔註7〕道體乃先天地而即已存在者，故云「先天地生」。道體發動之後，天地始創，萬物始生。其名為「道」，乃強而為之命名耳。〔註8〕此章言道體之動，「大」、「逝」、「遠」、「反」，即「周行而不殆」也。「大」、「逝」、「遠」，「周行」也。宇宙內外，無所不包，無所不在，無所不至，故謂「周行」。「反」者，謂其循環，無所休止，如乾之所謂「健」也，故謂「不殆」。老子言「大」、「逝」、「遠」、「反」，皆有「無極」之意，乃絕對義，非相對義。王弼曰：「大也者，取乎彌綸而不可極也；遠也者，取乎綿邈而不可及也。」〔註9〕正是此意。

老子又曰：

> 反者，道之動；弱者，道之用。天下萬物生於有，有生於無。（第四十章）

此章言宇宙萬物之生成，即韓非子所謂「萬物之所然」也。「反者，道之動」即前章道體循環不息之意。道有創生萬物之動力，永無休止。弱者，王弼注：「柔弱同通，不可窮極。」以「柔弱」釋「弱」，易致誤解，不妥。道非柔弱，柔弱之道又豈能「同通而不可窮極」也？〔註10〕「弱」字之意，即上章所謂「繩繩」。「繩繩」者，緜緜不絕貌。〔註11〕第六章：「緜緜若存，用之不勤。」即為其「弱」之狀態也。似弱而非弱，如繩與繩之互相連接而不絕，既細而遠，難以名狀，有如「無物」。而萬物生成，必有其序，由無至有。然「天下萬物生於有，有生於無」一語，乃就現象界言生成之秩序，非謂道體之本原也。第四十二章：「道生一，一生二，二生三，三生萬物。」亦就生成之秩序

〔註7〕 「混而為一」、「有物混成」二語，均可視為靜態之道體。為方便立說，故分言動靜而已。

〔註8〕 《韓非子・解老篇》作「強字之曰道」，但王弼本無「強」字。〔唐〕傅奕《道德經古本》作「彊字之曰道，彊為之名曰大」。案老子「道可道，非常道」一語，已有道不可言詮之意味。第十五章又曰：「夫唯不可識，故強為之容。」故「字之曰道」，王弼本雖無「強」字，亦應宜作「勉強」之意解讀。下文即曰「強為之名曰大」，已可見老子之「名」，皆「強為之容」也。

〔註9〕 語見《老子指略》輯佚本。《王弼集校釋》頁196。

〔註10〕 老子從不以「柔弱」形容道體。《道德經》雖有「柔弱勝剛強」（第三十六章）、「柔弱者生之徒」（第七十六章）、「天下莫柔弱於水」（第七十八章）等語，然「柔弱」一詞皆非指道體，乃老子從道體「弱」之特點，啟發出吾人處世應持之態度爾。

〔註11〕 傅佩榮《解讀老子》以「緜緜不絕貌」訓「繩繩」，可採。說見該書頁45。台北：立緒出版社，2004年。

言。老子言有無，有兩層意義，〔註12〕一就道之本體狀態言：本體有無相依，即無即有，超越人類經驗之存在，只能憑藉推理而知，非實相，處於無形之層次；一就道之動力發作言：現象界中，萬物生成秩序，由無至有，即由無狀而至有狀，為人類所能目覩、耳聞、搏得者，乃實相，處於有形之層次。王弼以「無」概括道體，以為「無形無名者，萬物之宗也」。〔註13〕而忽略「有名為萬物之母」、「此兩者同出而異名」等語，實為一偏之見。王弼歸結道體為一「無」字，老子之哲理遂蒙冤千載，有無之論糾纏而難辨矣。孔穎達論「易之三義」曰：

> 張氏、何氏……云：「蓋易之三義，唯在於有。然有從无出，理則包无，故〈乾鑿度〉云：『夫有形者，生於无形，則乾坤安從而生？故有太易、有太初、有太始、有太素。太易者，未見氣也。太初者，氣之始也。太始者，形之始也。太素者，質之始也。氣形質具而未相離，謂之渾沌。渾沌者，言萬物相渾沌而未相離也。視之不見，聽之不聞，循之不得，故曰易也。』」是知易理備包有无，而易象「唯在於有」者，蓋以聖人作《易》，本以垂教；教之所備，本備於有。故〈繫辭〉云：「形而上者謂之道。」道即无也；「形而下者謂之器」，器即有也。故以无言之，存乎道體；以有言之，存乎器用。……（《周易正義》卷第一）

「有從无出」，已如上述，乃老子宇宙生成秩序之論。「理則包无」，謂老子道之理「有无」兼備。然「有无」亦是假名，非道之體為「有无」也。以「无」釋道體，以「有无」釋道理，亦為誤解。〈乾鑿度〉以宇宙生成秩序之層面引伸老子之道，卻非老子之意。道就是道，〈乾鑿度〉自創「太易」、「太初」、「太始」、「太素」諸多名目，徒增困擾。張氏、何氏據〈乾鑿度〉之意，穎達又據張氏、何氏之說，謂「以无言之，存乎道體」，皆非老子道之本旨，徒以假名亂真名耳。由是之故，遂遭程頤批駁。其言曰：

> 有者，不可謂之無。猶人知識開見，歷數十年之後，一旦念之，昭
> 昭然於心，謂之無者，非也；謂之有者，果安在哉？〔註14〕

有無皆是假名。老子之道，既具創生動力，王弼以「無」概括其體，故非，

〔註12〕同注4。
〔註13〕見第十四章「能知古始，是謂道紀」。又《老子指略》亦有是語，同注9，頁195。
〔註14〕《程氏粹言》卷一，〈論道篇〉，《二程集》頁1169。

因「有者，不可謂之無」也。既有此道，卻謂其無，邏輯難通。蓋王弼不知老子之形容語言，具二層次，顧此失彼，傳言遂生扞格，正陷入老子所謂「道可道，非常道；名可名，非常名」之窘境。程頤又曰：

> 傳道爲難，續之亦不易。有一字之差，則失其本旨矣。〔註15〕

「一字之差」，謂王弼之解老子道，不亦宜乎？

本節所論，相當於唐君毅釐析老子道之前三義。唐氏析道之第一義爲「有通貫異理之用之道」，以自然規律、宇宙原理、萬物之共同之理當之，謂此等等理非實體，爲一虛理。道之第二義爲「形上道體」，爲一實有之存在，故爲一實體。第一、第二義之別，在於一虛一實。然程頤曰：「惟理爲實。」〔註16〕又云：「實理者，實見得是，實見得非。」〔註17〕理實非虛，唐氏釐分道體爲一虛一實，爲哲學家事，本論文並無此需要，故不置評論。第三義「道相之道」，唐氏謂乃自第二義引申而出。道相爲「無」亦爲「有」。有者，其形而上之實體；無者，惟異於萬物之萬形，所謂「大象無形」（第四十一章），即是此意。故道相可用「有」說之，亦可用「無」說之。即老子「此二者同出而異名」之旨也。總括老子之意，其道無形可指，而實有其用。因其無形，故能範圍宇宙內外，無邊無際；因其實有，故能創生天地萬物。其創生之動力，緜緜不絕，周而復始，無有終盡，乃超越人類經驗之實體也。

老子道論已如上述，繼論其道用。

二、道用

唐氏釐析老子之道有六義，其第四義爲「同德之道」。王弼注：「德者，得也。」唐氏曰：「物有得於道者爲德。」人亦物也，老子所謂萬物，概括天地人言。而以人言之，能順道而行者，與道同德，則德亦道之同義詞矣。然道不可見，德則自人顯之。道非弘人，乃人弘道。弘道者，德亦配之，故道德爲一。案老子之意，德義亦有二層：以「同德」爲義者，是爲上德；上德者何？「無爲而無以爲」（第三十八章）也，與道同其行也。道德合爲一義，道亦德，德亦道，頗有知行合一之意。下德者何？「爲之而有以爲」也。即有目的之爲，縱非歪行，亦難與道等同，故爲下德。簡言之，法道爲上，不

〔註15〕同前揭書。
〔註16〕同註14。
〔註17〕《程氏遺書》卷第十五，《二程集》頁147。

法道爲下。本節論老子之道用，即法其道之用也。唐氏析道之第五義，人生修德與生活之道，即法道爲用之意。

　　老子之道，如上所述，爲一超越人類經驗之實體，屬於形而上者。此一形而上之道，老子亦用「天道」稱之。如「功遂身退，天之道」（第九章），「天乃道」（第十六章），「不闚牖，見天道」（第四十七章），「天之道，損有餘而補不足」（第七十七章），「天道無親，常與善人」（第七十九章），「天之道，利而不害」（第八十一章）等。形而上之天道，就其「有」言，乃一規律性之法則，並無意志，非神非帝，所謂「功成身退」、「損有餘而補不足」、「常與善人」云云，雖具意志性之形容，然皆爲道體之自然作爲，乃其規律性之變化耳。故老子又曰：

　　　　功成事遂，百姓皆謂我自然。（第十七章）

　　　　人法地，地法天，天法道，道法自然。（第二十五章）

　　　　道之尊，德之貴，夫莫之命而常自然。（第五十一章）

「自然」一詞，正是老子對道體總括性之形容。道體之規律性變化，乃自然之事，非刻意爲之者。唯其自然，故能「功成事遂」。老子既體悟此一自然之道，則如何落實於現實人生，俾便「功成事遂」？正是老子所關心之課題。蓋中國哲人思想，無不以爲解決現實人生問題而發者。解決現實人生問題，方爲思想家所重，非僅爲好奇而思辨也。故學者多謂，中國哲學爲生命哲學。〔註18〕「人法地」，即是老子落實現實人生之道用觀照。由其觀照，徹上徹下，〔註19〕從法地而法天，從法天而法道，再從法道而法自然，層層推進，人生境界達至最高層次。故推老子之道用，人之終極效法者，當以自然之用爲大用也。

（一）無爲

　　自然之用，首推「無爲」。無爲者，王弼注：「順自然也。」（第三十七章）順自然之作爲，非眞不爲也；不爲，何以「功成事遂」？故老子曰：「道常無爲而無不爲。」（同前）道既自然，故道之動，其規律乃自然之規律，所爲亦自然之作爲耳，故「無不爲」者，自然而爲之，非刻意而爲之之謂也。老子稱「無爲」爲「上德」。依其用語邏輯理解，「上」義爲絕對義，非上下之比

〔註18〕　如張麗珠《中國哲學史三十講》即融會諸家之說，以凸顯中國哲學爲生命哲學之旨趣。說見該書頁 1 至 18。台北：里仁書局，2007 年。

〔註19〕　「徹上徹下」爲程顥語。見《程氏遺書》卷第一，《二程集》頁 4。

較義，乃至高無上，無以復加者。老子曰：

> 上德不德，是以有德；下德不失德，是以無德。（第三十八章）

王弼曰：「德者，得也。常得無喪，利而無害，故以得為名焉。」〔註20〕「上德」不以「德」為德，自然而為，「功成事遂」，所以「有德」。「下德」以不「失德」為念，刻舟求劍，違反自然之道，其失更多，相較之下，亦是「無德」。此語頗有禪味，與禪宗之教異曲而同趣。《六祖壇經》嘗載一則公案，謂梁武帝「一生造寺度僧，布施設齋」，問達摩「有何功德」。達摩答曰：「實無功德。」此公案懸疑百年，弟子問之，慧能解曰：

> 實無功德，勿疑先聖之言。武帝心邪，不知正法。造寺度僧，布施設齋，名為求福，不可將福便為功德。功德在法身中，不在修福。……
> 見性是功，平等是德。念念無滯，常見本性，真實妙用，名為功德。……
> （〈疑問品〉第三）〔註21〕

「求福」，即是有意為之之事，如老子所謂「有以為」。預設功德之心而為之，雖「造寺度僧，布施設齋」，依慧能之意，皆在外求，非發自內心。本性在內，明心見性，功德自顯，不假外求也。外求之業，方向已錯，實乃迷途，即無功德可言矣。依老子之意，以「有以為」之心而為之，亦非自然之道。道體無窮，下德則有限，得此失彼，其失越多，是以終究無德。以順應自然之作為為作為，得失之心皆去，行所當行，止所當止，才是有德。此德，老子許為上德。道、禪之宗旨雖殊，其理則一。老子無為而治，取於自然；六祖定慧雙修，明心見性，其歸趨雖有不同，而論理若合符節。佛教東傳，初依老子，究非無因者也。

（二）致虛守靜

無為而治，乃老子道學之大本，道用之總綱。然人生何以致之？政治何以致之？以達老子所謂「上德」之至境，即涉工夫論矣。老子曰：

> 致虛極，守靜篤。（第十六章）

此語至關重要，王弼注未知所云。其注曰：「言致虛，物之極篤；守靜，物之真正也。」「致虛」、「守靜」，為人之動作，王弼卻以物之狀態言之，與老子意毫不相契。樓宇烈《校釋》謂：「此節注文恐有衍誤。據《文選·華林園集詩》李善注引王弼釋『致虛極』，注作：『言至虛之極也』。則疑此節注文當作：

〔註20〕《王弼集校釋》頁93。
〔註21〕丁福保《六祖壇經箋註》，頁38。

『言至虛之極也，守靜之眞也』。『眞』，即釋經文『篤』義。」〔註22〕其理頗
洽，茲從其說。然「篤」亦「極」也，「眞」靜之靜，依老子之意，乃「聽之
不聞」之「希聲」（第十四章），其爲絕對義之靜。惟其絕對，方爲眞靜。第
二十三章：「希言自然。」謂自然之無聲也。達成無爲之道，要處於極虛、極
靜之狀態。然此一極虛、極靜，非爲一片死寂而不動者。佛家言虛、言靜，
而終極歸於「空」，此「空」爲死寂義，徹底滅絕，萬法不生。老子之虛靜，
卻隱藏動力，所謂「反者，道之動；弱者，道之用」（第四十章），虛中實有，
而且綿綿不絕。故「致虛極，守靜篤」後，老子又曰：「萬物並作，吾以觀復。」
培養虛靜之心觀照萬物，體悟自然無爲之道，領略萬物並作又能周而復始，
生生不息之理，作爲處世之哲學，則世間萬事萬物，無不亨通暢達矣，所謂
「功成事遂」也。悟此道者，用於治國，老子建議：

> 聖人處無爲之事，行不言之教。（第二章）

> 聖人之治，虛其心，實其腹，弱其志，強其骨，常使民無知無欲。（第
> 三章）

> 絕聖棄智，民利百倍；絕仁棄義，民復孝慈；絕巧棄利，盜賊無有。
> （第十九章）

> 聖人抱一，爲天下式。（第二十二章）

> 清靜無爲而天下正。（第四十六章）

> 聖人無常心，以百姓之心爲心。（第四十九章）

> 聖人爲而不恃，功成而不處，其不欲見賢。（第七十七章）

> 天之道，利而不害；聖人之道，爲而不爭。（第八十一章）

悟此道者，用於修德，老子建議：

> 見素抱樸，少私寡欲。（第十九章）

> 聖人去甚、去奢、去泰。（第二十九章）

> 我有三寶，持而保之：一曰慈，二曰儉，三曰不敢爲天下先。（第六
> 十七章）

案：治國與修德爲一體之兩面，在位者尤重修德，此意儒、道皆同。治國者
執政府之權柄，操生殺之大權，天下治亂與否，全繫於一人，故其德尤重。

〔註22〕《王弼集校釋》頁 37 至 38。

有識之士，無不將在位者之道德修養置於首位，況孔、老之聖乎！（聖爲智慧與德行兼備之意，非獨指儒家所謂聖人）老子之道既以自然爲本，主張致虛守靜，萬用不離其宗，則知老子之道矣。王弼〈老子指略〉以「崇本以息末，守母以存子。」〔註23〕二語總結老子之道用原則，可謂精要。然本末一體，崇本即崇末，末豈可「息」？凡理，本正而末正，未有本歪而末正者也。綜觀老子無爲而治之主張，非無爲而不治也。「聖人無常心，以百姓之心爲心」，不以己意興政，以亂百姓之心，正是無爲而治之眞諦。春秋之世，政府之於百姓，不外賦稅與力役二事。免其負荷過重，適可而止，正是萬民所望。由此推知，老子之意，終究以百姓安和樂利爲「治」之本，與孔意殊途而同歸，而「無爲」乃其方法耳。方法多端，終是末事。王弼顛倒老子之意，以方法爲本，目的爲末，錯判老子之用意，又惑於有無之論，啓日後玄理之清談，辨明析理，無涉政事。老子之道，遂成士人逃避現實，明哲保身之符。時運所使，孔、老治亂之道便流於講論文字，清談玄理。孔、老被視爲古代聖哲，其幸也；後人錯解其意，其不幸也。幸與不幸，全繫於傳言者一念之間。學問之事，坐而論辨，尙無大礙；關乎治道，卻利害百姓。孔、老之不幸，萬民又豈得有幸之理哉？深思至此，不禁頓足而嘆！季世暴君，禍止一族一代；一字之差，卻貽害千古百姓。百姓日用而不知，惟考究歷史，前人謂王弼罪深桀、紂，諒非過責。〔註24〕

〔註23〕《王弼集校釋》頁196。

〔註24〕〔唐〕房喬《晉書・范寧傳》載：「時以浮虛相扇，儒雅日替，寧以爲其源始於王弼、何晏。二人之罪，深於桀、紂。」（卷七十五）

案：考王弼事蹟，《三國志》無傳。其傳附見於《魏志・鍾會傳》及裴松之注。〈鍾會傳〉謂「弼好論儒、道，辭才逸辯，注《易》及《老子》，爲尚書郎，年二十餘卒。」（卷二十八）裴松之注引何劭〈王弼傳〉曰：「其論道傅會文辭，不如何晏；自然有所拔得，多晏也。頗以所長笑人，故時爲士君子所疾。……正始十年……秋，遇癘疾亡，時年二十四。」王弼雖無列傳，觀何劭之記，「頗以所長笑人」一語，知其人品亮非儒雅，輕薄之士爾。孔、老之書乃智聖之言，非經閱歷者實難窺其奧，弼逞其「辭才逸辯」，說理或有可觀，然其論道必疏。況其短壽，毫無人生經驗，又豈能體悟聖人之智慧哉？青年輕率之語，卻爲世過譽，影響深邃。此一現象實爲歷史所少見。

又：程頤曰：「解義理者，若一向靠書冊，何由得居之安，資之深？不惟自失，兼亦誤人。」（《程氏遺書》卷第十五，《二程集》頁165。）眞智慧之言也。

第二節　程頤與老子道論之異同

程頤道論，見於《程傳》解〈乾〉曰：「夫天，專言之，則道也。」釋「乾元」曰：「統言天之道也。天道始萬物，物資始於天也。」程頤以「天」為道之別名，老子亦謂「天乃道」；而「天道始萬物」，即謂天道為萬物之始，具創生萬物之動力，可見二人對道之基本認識一致也。然程頤對老子之書，似知之甚少，非完全了解老子思想者也。程頤曰：「《老子》言甚雜。如《陰符經》卻不雜，然皆窺測天道之未盡者也。」〔註25〕《陰符經》非老子書，此書為北朝隱士所著，程頤卻誤以為老子作。〔註26〕又程頤曰：「三十輻，共一轂，則為車。若無轂輻，何以見車之用。」〔註27〕「三十輻」之語見《道德經》第十一章，其原文是：「三十輻，共一轂，當其無，有車之用。」老子此章在強調「無」之功能。有「無」之存在，車之功用始顯。蓋有形之體（車）與無形之體（車內之空間）乃同時存在，互相配合，方能發揮作用。車體如為中實者，即不能有盛物之功能，徒有外型而已。程頤似未深層思考老子之意，遂致解語南轅北轍。程頤又論老學云：「老氏之學，更挾些權詐，若言與之乃意在取之，張之乃意在翕之。又大意在愚其民而自智，然則秦之愚黔首，其術蓋出於此。」〔註28〕「與之」、「張之」，其文在第三十六章：「將欲歙之，必固張之；將欲弱之，必固強之；將欲廢之，必固興之；將欲奪之，必固與之：是謂微明。」「愚其民」在第六十五章：「古之善為道者，非以明民，將以愚之。」如單章取義，程頤之說不可謂無據。然就整部《道德經》觀之，老子籲人「致虛極，守靜篤」、「見素抱樸，少私寡欲」；治國之聖人，應「以百姓之心為心」，則「權詐」之事，絕非老子本意。蓋春秋之季，天下已亂，諸侯稱霸，已為世尚；兼併之事，時有所聞。有識之士無不以治亂為念，安定為憂。孔子以仁、智、勇勉弟子，在位者應修己以安百姓，使近者悅而遠者來。老子籲致虛守靜，聖人應以百姓之心為心，則與之反而取之。方法不同，結果則一。孔、老之學，就結果論言，求百姓之安定生活，目標其實一致。倘老子涉詐，孔子豈能其外；鄉愿之議，偽君子之目，多由儒起。故老

〔註25〕《程氏遺書》卷第十五，《二程集》頁152。
〔註26〕程頤亦嘗認為《陰符經》「非商末則周末人為之」，語見《程氏遺書》卷第十八，《二程集》頁235。
〔註27〕《程氏遺書》卷第十五，《二程集》頁144。
〔註28〕同註25。

子謂「絕仁棄義，民復孝慈」，實爲儒家之弊而發。蓋孔、老之學爲治術，以「權詐」之心讀孔、老之書，皆可權詐也。「公則一，私則萬殊」，〔註29〕佛氏貪、嗔、癡之說，皆由心起。故罪不在彼，孽在吾人臟腑內之心術而已。老子愚民，欲歸其樸，與秦愚黔首之詐術，不可同日而語。治術與權謀，豈可混爲一談？學者以老學爲權謀之源，而忘其「致虛守靜」、「少私寡欲」之訓，豈眞識老子者哉？程頤曰：「爲有爲而以無爲爲之，是乃有爲耳。聖人無爲異於是。」〔註30〕然則，以天下爲公之心求治亦爲有爲，有爲、無爲，皆落言詮，則有理難清。斷章之後，豈見全道？故老子開宗明義即曰：「道可道，非常道。名可名，非常名。」已揭示言語文字之侷限性。執著一、二言語而爲之詰難，忘卻本旨之所在，必以偏概全，失其弘規。程頤好學深思，勉人格物窮理，尙有門戶之偏，後之學者，能不愼哉？老子智慧之言，實爲萬世不易之定則。非眞能體悟其道者，莫能識也。

程頤未眞識老子之道，究其原因，或受王弼之誤導。弼以無有言體用，孔穎達《五經正義》又採弼《周易注》沿用其說，謂「有從无出，理則包无」、「〈繫辭〉『形而上者謂之道』，道即无也；『形而下者謂之器』，器即有也。」程頤即駁其言之謬曰：「有者，不可謂之無。」此語明顯爲針對王弼而發者。王弼誤解老子書，程頤則以穎達注疏爲據，又囿於儒門之見，未嘗深究老子原書義理，才致誤會。茲比較二人道體之論述，以見其異同。老、程道觀，頗有相契之處，儒、道宇宙之本體論，非必水火難容也。

一、「無」與「易」之名狀義

以現象界之有無言之，道爲不可見者，故老子謂「視之不見」、「聽之不聞」、「搏之不得」。程頤亦曰：「上天之載，無聲無臭之可聞。其體則謂之易，其理則謂之道。」《程傳》釋〈乾·初九〉云：「理，无形也。」兩人對道之外觀，意見實同。此一「不見」、「不聞」、「不得」之體，老子「強字之曰道」，程頤則毅然決然以「易」字當之。程頤之「易」，即老子之「道」也。老子但懼一落言詮，後人便生曲解，故「強」字實爲警語，以示道體之可變性，難以一語盡道。程頤以「易」爲變易之義，隨時變易，故道爲變動不居者，已明示其可變性矣。道體不可見而實有，兩人之觀念皆同。老子以一「有」字

〔註29〕程頤語，同注27。
〔註30〕《程氏粹言》卷第二〈人物篇〉，《二程集》頁1270。

概括，程頤則別出一「理」字。「天理」二字，明道以爲自家所體貼出來，不言自創，實則亦受前人啓發，只是學者忽略，而二程則深切體悟，特揭發之，故云「體貼」耳。韓非子〈解老〉云：「道者，萬物之所然，萬理之所稽也。」〔註31〕即謂「萬理」寓於道中，韓非子已明言在先矣。萬理歸於一理，一理統攝萬理，即爲道之實體。故程頤曰：「窮至於物理，則漸久後，天下之物皆能窮，只是一理。」〔註32〕程頤以工夫論籲後學悟道之法在於格物，久後自悟萬理皆是一理之蘊，蓋萬變不離其宗也。道爲無狀而實有，程頤以「理」字總其內涵。《程傳》釋〈乾・象〉曰：「乾道覆育之象至大，非聖人莫能體也。」「至大」者，極大也。難以形容，故老子云：「強名之曰大。」大爲絕對義，非相對義，猶言程頤之「至大」也。

二、「有」與「乾」之生生義

老子名狀道體之「有」，內涵有二，一指其創生之動力，一指現象界實有之物體。然此一物體必須與「無」配合，始生功能，示人「無」之空間亦至爲重要，「無」既爲道之一體，亦爲現象之一。老子「無有」之論述有兩層意義，惟程頤似尚未領略其旨趣。而就道之創生部分言，老、程認知則頗爲一致：皆以爲道有創生之動力也。老子道生萬物之義，已如上述，不贅；而程頤亦曰：「有一便有二，纔有一二，便有一二之間，便是三，已往更無窮。老子亦曰：『三生萬物。』此是『生生之謂易』，理自然如此。」〔註33〕《程傳》釋〈乾・象〉「以御天」曰：「乾道變化，生育萬物；洪纖高下，各以其類，各正性命也。」創生之功，程頤歸於「乾道」。又《程傳》釋〈乾卦〉卦義：「乾，天也。」故「乾道」亦即天道。〈上繫〉：「生生之謂易。」（第五章）〈下繫〉：「天地之大德曰生。」（第一章）程頤曰：「天以生爲道。」〔註34〕又曰：「道則自然，生生不息。」〔註35〕由老子而〈繫辭〉，由〈繫辭〉而《程傳》，其言若合符節，脈絡貫通，義理相同。孔子罕言形而上之天道，但云「四時行焉，百物生焉，天何言哉」而已（《論語・陽貨》）。雖有所感，但不予討論，籲弟子自悟。老子極盡言天道之能事，並以天道明人事之作爲，〈繫辭〉取其

〔註31〕同注5。
〔註32〕同注27。
〔註33〕《程氏遺書》卷第十八，《二程集》頁225至226。
〔註34〕《程氏粹言》卷一〈論道篇〉，《二程集》頁1175。
〔註35〕《程氏遺書》卷第十八，《二程集》頁149。

意與方法，卻又發揮儒家義理。隔絕千載，此意此法又爲程頤所繼承。程頤將「道」、「易」、「理」三字之義結合，等同齊一，其總名曰道，或曰天，或曰天道；而就其變化之狀態言之，曰易；就其內涵言之，曰理。程頤曰：「觀生理可以知道。」〔註36〕老子以「有」名狀創生之動力，亦即程頤「生理」之一義也。

三、「反」與「復」之運動義

道之運動，就生生言，固爲其一；就變化言，乃爲其二；老子謂道「周行而不殆」，則爲其三也。〈乾・象〉所謂「天行健」，即「不殆」義。《程傳》曰：「至健，固足以見天道也。」至爲絕對義之至，謂無極限也。唯天道之運動無極限，方能至健而不殆。此意，老、程二人皆有共識。而其至健不殆之由，究其實情，乃老子所謂「反者，道之動」也。「周行」，即「反者，道之動」。王弼注曰：「高以下爲基，貴以賤爲本，有以無爲用，此其反也。」其以形而下第二層之有無觀解釋此章形而上第一層本體論之「反」義，實大歪老子原意。〔註37〕反爲反復、周行，意指循環不息。道體有此循環不息之運動，方能至健不殆。故「反」者，實爲道體之關鍵處。〈象傳〉發揮〈復卦〉之字義曰：「復，其見天地之心乎！」「天地之心」，即爲道體運動之關鍵處也。《程傳》曰：「先儒皆以靜爲見天地之心，蓋不知動之端，乃天地之心也。非知道者，孰能識之？」「先儒」，蓋指王弼、孔穎達之徒。王弼注〈復・象〉曰：「反者，反本之謂也。天地以本爲心者也。凡動息則靜，靜非對動者也。語息則默，默非對語者也。然則天地雖大，富有萬物，雷電風行，運化萬變，寂然至无是其本矣。故動息地中，乃天地之心見也。若其以有爲心，則異類未獲具存矣。」〔註38〕復非反本，反本爲靜，靜則不動矣，道體何以繼續？天道何以循環不息？王弼以「無」爲道體，故「反本」之釋義，有「動息則

〔註36〕《程氏粹言》卷一〈論道篇〉，《二程集》頁1171。
〔註37〕王弼「有以無爲用」，乃據第十一章而來。其原文是：「三十輻，共一轂。當其無，有車之用。埏埴以爲器，當其無，有器之用。鑿戶牖以爲室，當其無，有室之用。故有之以爲利，無之以爲用。」此章言「無」，乃相對於現象界之實體言，爲「中空」之意。埴爲陶器，中空才能盛物。故現象界之實體之「有」，亦須與實體內之「無」配合，方能發揮功能。此章老子係以吾人之經驗言無有，非形而上之道體言無有。王弼誤解，故知非能真識老子者也。
〔註38〕《王弼集校釋》頁336至337。

靜」、「語息則默」等形容之。其理解皆爲形而下之經驗現象，非道之本體。孔穎達沿此理路疏釋，謂：「天地養萬物，以靜爲心。不爲而物自爲，不生而物自生，寂然不動，此天地之心也。」〔註39〕亦非老子本章之旨趣，故程頤謂其皆「非知道」者。老子嘗謂「致虛極，守靜篤。萬物並作，吾以觀復。」（第十六章）王弼注：「以虛靜觀其反復。」〔註40〕此注近是，唯未盡美。觀老子之意，謂處以極虛極靜之心，從「萬物並作」之生生現象中，觀察道體循環不息之精義。老子其後又云「夫物芸芸，各復歸其根。歸根曰靜，是謂復命」（第十六章），乃就現象界言，非道體也。落葉歸根，乃生命之必然過程，故謂「復命」，非謂道止於靜也。在天爲命，在人爲性。老子既以天道爲一自然之規律，故「復命」者，乃謂復其自然之規律矣。老子復云：「復命曰常，知常曰明。不知常，妄作凶。」（第十六章）「常」，即天道之永恆性，爲不變之自然規律。人如能知此不變之自然規律，方可稱爲「明」。不知此自然規律而胡作非爲者，必遭凶難。此乃老子之訓戒。可見《道德經》亦爲一教戒之書也。由此可知，老子以自然之現象界窺測天道，推知天道之永恆性乃來自於「復」，故云「反者道之動」。《程傳》釋〈蠱·彖〉「終則有始，天行也」曰：「夫有始則必有終，既終則必有始，天之道也。」反復循環，天道運行不息，〈彖傳〉繼承老子意，程頤又發揮〈彖傳〉，故老、程二人對道體循環不息之認知可謂契合矣。

四、「先天」與「後天」之存在義

最後，尙有一問題值得討論，爲道之存在問題，是先天者，抑後天者？考老子之意，此一答案甚爲明確，道爲先天即已存在者，《道德經》首章已揭發其旨：「無名，天地之始；有名，萬物之母。」以道爲創生天地萬物之始母，即肯定道之先天性。至於程頤，則甚爲曖昧，其理解似明而實暗，雖云發揮〈彖傳〉，卻未盡洽其意。老子道創生天地之說，爲〈彖傳〉作者所繼承。其贊〈乾〉曰：「大哉乾元！萬物資始，乃統天。……時乘六龍以御天。……」「統天」、「御天」，明言道在天上，先天即已存在，故能統御天。程頤解〈彖〉，卻云：「乾元，統言天之道也。」以「統言」釋「統」，並未直契〈彖傳〉。又解「以御天」云：「謂以當天運。」以「當」釋「御」，亦未洽原意。推程頤

〔註39〕《周易正義》卷第三，頁 65 上。
〔註40〕《王弼集校釋》頁 36。

之意，以道、天等同，即道即天，即天即道，無所謂先後。然其釋〈乾卦〉之義時卻云：「夫天，專言之，則道也，天且弗違是也。」「天且弗違」，意謂天之運作「尚且」弗違道也。則明顯又以天、道爲二物。如爲二物，孰先孰後，程頤並無解說，但云「天」不違「道」，似已暗示「道」之先天性矣。此一問題於《遺書》中並無討論之紀錄，或許程頤於此一問題並無注意，而弟子亦無再深究也。程頤統言天道，別出一「理」字總括之，故後人以理學稱其道學，與老子之道學遂異塗而不歸矣。

第三節　程頤之道論及其理學

　　程頤形上之道體觀，部分與老子相契，已如上論。以下即述其異於老子者，惟其異於老子，程頤之學終究非道家哲學所能囿；亦惟其異於老子，程頤之學遂能發展爲一家之言。其學既與老莊異趣，亦與孔孟不同也。

一、道論

（一）道一論

　　程頤嘗斥王安石不識道字，云：「言乎一事，必分爲二，介甫之學也。道，一也，未有盡人而不盡天者也。以天、人爲二，非道也。」〔註41〕程頤之意，以爲天道即人道，人道即天道，故未有盡人道而不盡天道者。此幽微之旨，老子從未提出；老子但論天道之本體，揭示吾人應效法自然之道而已。孔孟不言天道，儒家諸子唯荀子有〈天論〉。荀子之天道觀，乃承老子之「自然」說，以爲天道「不爲堯存，不爲桀亡」，明天人之分，各司其職，亦無天人一道之說也。荀子有所謂「制天」之論，乃謂吾人應順應天時而未雨綢繆；不爲天災所害，即是「制天」。天人一道之思想，蓋來自《十翼》，《十翼》承老子天道之意，而以天道明人事。然其所論之人事，皆孔子之教，非老子之致虛守靜。孔子曰：「我觀其德義也。」（《帛書・要》）「德義」正是儒家要目。程頤發揮《十翼》之旨趣，通謂之聖人之言，主張易道與天道等同，又以人道與天道爲一，認爲天人一體，二分，即非知道者。程頤論乾坤曰：

　　　　乾，天道也；坤，地道也。論其體則天尊地卑，其道則無二也。豈

〔註41〕見本文第二章第三節之論述。

有通天地而不通人？〔註42〕

此處之所謂「體」，指形體，非道體。形體屬器，目測可及。以吾人經驗之認知，天在上，地在下，故「天尊地卑」。「尊卑」之義，似有價值判斷，然就〈上繫〉「天尊地卑，乾坤定矣」（第一章）一語觀之，係偏於上下方位言，價值判斷尚淺。下云：「卑高以陳，貴賤位矣。」因乾處於高位，故「貴」；坤處於下位，故「賤」。此語始涉社會之價值判斷。乾坤，猶言天地；天地雖分處上下，然論其道體則一。一為一貫，上下相通。程頤嘗謂「坤亦健」也，即含乾坤一貫之意。熊十力謂，言乾即有坤在，言坤即有乾在，乾坤互含，乃乾坤道體為一之意。就形體言，乾坤雖分處高下之位，其道體皆一。就人事言，通為感通、體悟。程頤十分強調感通之道，嘗謂：「至誠感通之道，惟知道者識之。」〔註43〕《程傳》釋〈咸〉卦卦辭之「亨」義曰：「物之相感，必有亨通之理。」故吾人如能感通天地之道，又豈有不通人道之理哉？反言之，不通人道亦不識天地之道。王安石不通人道，妄自興作，故其言天道，皆非真理，只是說話，文飾而已。〔註44〕程頤嘗駁揚雄曰：

> 楊子曰：「通天地人曰儒，通天地不通人曰伎。」豈有通天地而不通人者哉？……天、地、人只一道也。纔通其一，則餘皆通。如後人解《易》，言乾，天道也；坤，地道也，便是亂說。論其體，則天尊地卑；如論其道，豈有異哉？〔註45〕

天、地、人，言形體之異位為三分，然三者皆由道所生。如以體用論說明之，道為體，而天、地、人皆為用，體用一源，故云道一。道體無形，必假象以為用，天、地、人皆象也；天尊地卑，亦象也。如以河海喻之，萬川總匯，必入大海，故海通萬川，其形雖異，其體實同，皆一源之意也。故程頤謂：「纔通其一，則餘皆通。」天地萬物殊異，然論其道體，則渾而為一。故程頤之道論，以為萬物一體，要言之，可稱為「道一論」、「一體論」、「一本論」或「一元論」。

（二）道二論

〔註42〕《程氏粹言》卷第一，《二程集》頁1170。

〔註43〕前揭書，頁1171。

〔註44〕程頤嘗論曰：「介甫之言道，以文焉耳矣。言道如此，己則不能然，是己與道二也。夫有道者，不矜於文學之門，啟口容聲，皆至德也。」《程氏粹言》卷第一〈論道篇〉，《二程集》頁1176。

〔註45〕《程氏遺書》卷第十八，《二程集》頁183。

　　程頤有道一之論，亦有道二之說。道有兩面，亦有兩層。兩面之道，乃就形上言，如老子無有之說，即為道之一體兩面。程頤對老子之道體無所領悟，又為王弼所誤導，遂轉從禪宗之體用說思考，立體用一源，顯微無間之說。生生之謂易，易即為道體。此道體為一，就其「生生」之義說，相當於老子形上之「有」。然易之所以生生，乃在於「一陰一陽」之用。老子不言陰陽互動生物，但謂一生二，二生三，三生萬物。陰陽互動之說乃出於〈繫辭〉：「一陰一陽之謂道」。「一陰一陽」有兩層意義，就形上言，乃道體之運作當如此，需一陰一陽之互動與配合，始能生物，此其必然之理也。就形下言，陰陽屬氣，是二物，故程頤曰：

> 「一陰一陽之謂道」，此理固深，則無可說。所以陰陽者道；既曰氣，則便是二。言開闔，已是感。既二則便有感。所以開闔者道，開闔便是陰陽。〔註46〕

「無可說」，謂難言說也。因無形可實指，故難以言說。「說」，猶老子所謂「名」（名狀）；「無可說」，猶老子所謂「不可致詰」（第十四章）也。雖不可致詰，老子亦「強為之容」（第十五章）；程頤亦不例外。「所以陰陽者道」，乃謂陰陽互動之原理，其原理即道也。陰陽為氣，屬形下之物。形下之物，必須二物互動，始顯道體之作用，故云「既曰氣，便是二」。獨陽不生，獨陰不長也。「開闔」，即二物互動之狀態。二物之所以能開能闔者，其理即是道也。若只言開闔，便是言形下之陰陽二氣。程頤之所謂「道二」，非道體二分，乃道之運作，需二始動。動，始顯道之為道也。《程傳》釋〈賁・彖〉曰：

> 質必有文，自然之理。理必有對待，生生之本也。有上則有下，有此則有彼，有質則有文。一不獨立，二則為文，非知道者，孰能識之？（卷第三）

「理必有對待」，此乃程頤道學之對待論。老子嘗曰：「有無相生，難易相成，長短相較，高下相傾，聲音相和，前後相隨。」（第二章）亦謂萬物互相對待，然老子由此只推演出「為無為之事」、「行不言之教」，偏於靜之一隅，故互動之義不顯，只是靜態之相對，而非動態之對待也。程頤以「對待」明道體之運作，則有別於老子道體之認知，而深契於儒家義理。相對與對待不同。相對為靜態義，故老子之術，教人「致虛極、守靜篤」，而其末流則與世隔絕。

〔註46〕《程氏遺書》卷第十五，《二程集》頁160。

對待爲動態義，互動始生變化，變化始生萬狀；萬狀之生，萬理亦寓焉，制度亦生焉。故〈上繫〉云：「聖人有以見天下之動，而觀其會通，以行其典禮。」（第八章）程頤亦襲取此意，謂「體用一源，顯微無間，觀會通以行其典禮」（〈易傳序〉）。又以孔子所倡之「仁德」言之，所謂「仁」者，二人也。二人爲「仁」，即爲互相對待。天下之和平與否，其實即人與人之對待問題。對待適宜，則天下和平，否則天下紛亂。道之運作亦如是，需二始動，故「二」亦爲道之一理。程頤謂：「一不獨立，二則爲文。」天下如只一人獨存，「仁」字即無從而出，文字亦無由而作矣。落實於形下之事物言，有質必有文，乃爲道之自然發展也，故程頤又謂「道二」。其言曰：

> 道二，仁與不仁而已。自然理如此。道無無對，有陰則有陽，有善則有惡，有是則有非，無一亦無三，故《易》曰：「三人行則損一人，一人行則得其友。」只是二也。〔註47〕

「道二」爲生生之動力，自然之理既如此，遂成爲中國古代社會價值判斷之一項重要標準。故《易》主「二」，〈損・六三〉爻辭謂「三人」必折損一人，而「一人」必得其友也，湊足「二」之數，始爲無憾。道一與道二並無扞格，一就道之靜態言，二就道之運動言。老子謂「反者道之動」，乃著重其「反」義之運動，然道之運動尚未達「反」之時，始與反之間之運動過程，老子並無論述。程頤以「對待」明之，既可補老子道論之不足，又爲儒家道觀開一新境界。程頤對道之論述，其縝密處又勝於老子。而其以「理」爲道之內涵，更爲道學別立一新里程碑矣。

（三）道理論

以道爲理，以理涵攝道體，爲二程道學之核心內涵。日後朱熹闡揚其義，始有「理學」之名。〔註48〕二程之天道觀，大體一致，哲學史家喜辨其異同，非本文旨趣。程顥長程頤一歲，五十四而卒，程頤嘗著〈明道先生行狀〉以記之。其晚年謂門人張繹曰：「昔狀明道先生之行，我之道蓋與明道同，異時

〔註47〕《程氏遺書》卷第十五，《二程集》頁 153。

〔註48〕「理學」一詞，始見於〔元〕張九韶《理學類編》。此書編成於元末順帝至正九年（1349），輯周、張、邵、二程及朱熹之言，而附以荀子以下數十人之說，其論遍諸天地、鬼神、人物、性命。然其時理學之名尚未流行。〔清〕孫奇逢著《理學傳心纂要》八卷、《理學宗傳》二十六卷，理學之名始著。然奇逢之作，主在調和朱、陸，非以二程之學爲主，備其學統相承而已。北宋時尚無理學之名，故二程學問，仍稱道學爲宜。

欲知我者，求之於此文可也。」〔註49〕由是觀之，論二程之道學，其基本理念一致，應無異論。二人語錄之發言或偏輕偏重，亦當時門人各取所需而已。愚以爲二人之異乃在氣質，非關學問。黃百家云：「顧二程雖同受學濂溪，而程顥德性寬宏，規模閣廣，以風光霽月爲懷；二程氣質方剛，文理密察，以峭壁孤峰爲體。其道雖同，而造德自各有殊也。」〔註50〕所謂「德性寬宏」、「氣質方剛」、「造德各自有殊」，皆謂二人氣質之異。程頤嚴謹拘禮，處事毫不苟且，《遺書》嘗記之曰：

有人勞正叔先生曰：「先生謹於禮四、五十年，應其勞苦？」先生曰：

「吾日履安地，何勞何苦？他人日踐危地，此乃勞苦也。」〔註51〕

謹於禮數，正是程頤氣質之特色。黃宗羲謂，程頤初年嚴毅，「晚年又濟以寬平處」，〔註52〕則程頤晚年以「寬平」待人，「造德」漸近乃兄矣。程顥早卒，其弟子多歸程頤門下，程頤亦繼承其學。二十年後，《程傳》書成，道學之體用論盡在其中。二程之道學皆爲經世致用之寶典，學者倘窄化其爲哲學思想研究，僅止於爲研究而研究，錙銖必較，終非學術之福。〔註53〕以下討論程頤之道理論，乃與程顥爲一體，非有所軒輕也。

程顥嘗曰：「天者，理也。」〔註54〕程頤亦曰：「理也、性也、命也，三者未嘗有異。……天有是理，聖人循而行之，所謂道也。」〔註55〕則天、理、性、命等詞，皆道之異名，實則一體。程顥嘗謂「天理」二字，爲自家體貼

〔註49〕語見朱熹《伊川先生年譜》，《二程集》頁346。

〔註50〕《宋元學案》卷第十三，〈明道學案上〉頁540。

〔註51〕《程氏遺書》卷第一，《二程集》頁8。

〔註52〕《宋元學案》卷第十六，〈伊川學案下〉頁652。

〔註53〕程頤曰：「聖人之氣象，不可只於名上理會。如此，只是講論文字。」《程氏遺書》卷第十五，《二程集》頁158。

程頤又曰：「學也者，使人求於本也。不求於本而求於末，非聖人之學也。何謂求其末？考詳略、辨異同是也。無益於德，君子弗之學也。」《程氏粹言》卷第一〈論學篇〉，《二程集》頁1198至1199。

案：程頤以德爲本，學爲末，與孔孟之基本人生態度相同。但不宜因此謂程頤甚至儒門皆鄙視知識，否定學問，作過度解讀。程頤籲學者不宜本末倒置，本文亦抱此態度而已。

〔註54〕《程氏遺書》卷第十一，《二程集》頁132。

案：《遺書》第十一卷爲劉絢所錄〈明道先生語一〉。然「天者理也」爲二程共同觀念，可互相參用。勞思光謂，程顥之天理觀側重「天道」，程頤側重「本性」。然本性源出於天，爲二人之共同理解，故無礙於本文之引用。勞說見《新編中國哲學史》三上第四章頁149。

〔註55〕《程氏遺書》卷第二十一下，《二程集》頁274。

出來。所謂「體貼」，猶言「體悟」；「悟」為佛家語，程顥闢佛，故易言「貼」耳。牟宗三曰：「其實意只是他真理會得這道理，他真實理會得那種種名之實義而拈出這兩個字以代表之。並非說此概念或此二字是他所獨創或所新造。說此兩字，是表示儒家言性命與天道是澈底而嚴整之道德意識之充實其極。」〔註56〕「真實理會」，猶言「體會」，如孔子之「知天命」，乃切心體會者。徐復觀謂，孔子之「知」，為「證知」之知。〔註57〕則程顥之「體貼」，即孔子之「知」也。牟氏指出，「天理」二字，含「性命與天道」，則既含宇宙論，又攝性命論矣。故「天理」二字，實居二程道學關鍵中之至要地位。二字縱為程顥先提出，程頤亦無不認同。宇宙論為老莊哲學，性命論為儒家抱負，原不相涉。待二程「天理」論出，綜攝二家，遂成一思想大系。考「天理」一詞，早已出現於先秦道家文獻。《莊子‧養生主》載庖丁解牛之語云：

> 依乎「天理」，批大郤，導大窾，因其固然，技（枝）經肯綮之未嘗，而況大軱乎！〔註58〕

又〈天運〉載黃帝之言曰：

> 夫至樂者，先應之以人事，順之以「天理」；行之以五德，應之以自然，然後調理四時，太和萬物。〔註59〕

至於儒家經典，則首見於《禮記‧樂記》：

> 好惡無節於內，知誘於外，不能反躬，「天理」滅矣。夫物之感人無窮，而人之好惡無節，則是物至而人化物也。人化物也者，滅「天理」而窮人欲者也。〔註60〕

〈養生主〉「依乎天理」，西晉郭象注：「不橫截也。」〔南朝‧宋〕王叔之疏：「依天然之腠理，終不橫截以傷牛。」〔註61〕即順應牛體之自然生理結構，依其紋理進行解剖。此「天理」一詞，既指形上之自然規律，亦指形下牛體之「生理結構」。〈天運〉「應之以人事，順之以天理」，為駢體對語，兩句一意，即謂以天理順應人事也。「天理」為自然之道，人事為人事之道；以天理順應人事，則天理可貫通於人事矣。老子籲王侯「致虛守靜」，係存政治之目

〔註56〕 語見《心體與性體》二，頁54。台北：正中書局，2010。

〔註57〕 說見《中國人性論史‧先秦篇》，頁86。

〔註58〕 《莊子集釋》卷二上，〈養生主〉頁119。

〔註59〕 同前揭書，卷五下，〈天運〉頁502。

〔註60〕 《禮記正義》卷第三十七，頁666下。《十三經注疏》本。

〔註61〕 同註58，頁120。

的，而期使天下能致太平，人民安和樂利。莊子似無此懷抱，而以人生修養為出發，期使自身與自然運化，與萬物齊一而致太和，物我兩忘。其〈齊物論〉非為王侯而作者也，乃欲明「道通為一」爾。〔註62〕道通為一，即萬物等同，渾然一體。莊子之人生態度，視萬物如己，己如萬物，打成一片，對日後儒家學說頗有轉化作用，即由對關懷人事轉而為對天地萬物之關懷也。張載於〈西銘〉所謂：「民吾同胞，物吾與也。」〔註63〕乃為最具體之表述。程顥曰：「仁者，渾然與萬物同體。」〔註64〕程頤曰：「仁之道，要之，只消道一公字。……只為公，則物我兼照。」〔註65〕又曰：「仁則一，不仁則二。」〔註66〕又曰：「仁者，以天地萬物為一體，莫非我也。知其皆我，何所不盡？不能有諸己，則其與天地萬物，豈特相去千萬里而已哉？」〔註67〕諸語皆認同萬物一體，與張載之意同。而二程更拈出一「仁」字，作為貫通萬物一體之橋樑。程頤更指出，識得仁理為「公」，則物我兼照，不分彼此，皆為一體矣。〈樂記〉以「天理」、「人欲」對舉，謂「好惡無節」為人欲；人欲張，即人被物化，而天理滅矣。程頤曰：「昏於天理者，嗜慾亂之耳。」〔註68〕與〈樂記〉之說若合符節。程頤「存天理，滅人欲」之主張，其本於〈樂記〉耶？牟宗三於《心體與性體》一書中，獨取〈樂記〉為程顥「天理」論之源頭，認為「天理之實是先秦正宗儒家共許之義，至乎宋明亦是程顥前明道後共許之義。」〔註69〕此一論斷令人難以信服。何謂「正宗儒家」？如以孔孟為正宗儒家，則孔子罕言天道，已明見子貢之言。孔子縱涉「天」或「天命」等詞，亦無形上色彩。孟子兩言天道，皆歸之於性命之說，〔註70〕亦無形上與

〔註62〕 「道通為一」為〈齊物論〉語。

〔註63〕 《張載集・正蒙・乾稱篇第十七》，頁62。

　　　　案：《正蒙・乾稱篇》第一段即〈西銘〉。〈西銘〉原題〈訂頑〉，程頤以啟爭
　　　　為疑，改曰〈西銘〉。王夫之《張子正蒙注》併於《乾稱篇上》，見該書
　　　　卷九。

〔註64〕 《程氏遺書》卷第二上，《二程集》頁16。

〔註65〕 《程氏遺書》卷第十五，《二程集》頁153。

〔註66〕 《程氏粹言》卷一〈論道篇〉，《二程集》頁1175。

〔註67〕 前揭書，頁1179。

〔註68〕 前揭書，〈論學篇〉，頁1194。

〔註69〕 同注56。

〔註70〕 《孟子・離婁上》：「是故誠者，天之道也。」〈盡心下〉：「仁之於父子也，義
　　　　之於君臣也，禮之於賓主也，知之於賢者也，聖人之於天道也：命也，有性焉，
　　　　君子不謂命也。」孟子兩言天道，猶孔子之謂天命，皆無涉於宇宙論，而係以
　　　　人事之作為上契於天；此天，非老莊自然之天與形上之天也，而乃道德之天。

趣。《十翼》從易學之視野謂「窮理盡性而至於命」（〈說卦傳〉語），攝性命論於宇宙論中，明顯係以天道而明人事。此一學風，實受老莊之啓發，非孔孟之事業也。牟氏排斥道家對日後儒家之影響，將「天理」嫁接於所謂「先秦正宗儒家」之上，諒非信史，頗有門戶之偏，未見其學術之公也。〔註71〕

二程既以理爲天道，又以《易經》之「易」字與天道等同，強調「變易」之義，則二人道觀乃從易學系統來，再回溯孔孟，涵攝性命（或稱心性）之學，遂成儒門之大宗師。今人所謂儒學者，已非昔日孔孟所能夢寐者矣。後人謂宋明理學爲新儒學，良有以也。

二程以理攝道，簡言之，謂天地萬物之現象皆在道之理中也。《程傳》於〈咸·九四〉爻辭釋〈繫辭〉「天下同歸而殊塗，一致而百慮」曰：

> 天下之理一也。途雖殊而其歸則同，慮雖百而其致則一。雖物有萬殊，事有萬變，統之以一，則无能違也。（卷第四）

「理一」，即謂天下之理只有一箇。明此道理，以此道理總理萬事，則萬變不離其宗矣。程頤嘗謂張載〈西銘〉之說爲「理一分殊」，《程傳》「殊途同歸」之解亦爲「理一分殊」之論也。依二程學理之邏輯推究之，既言「生生之謂易」，則「天以生爲道」。生生爲天地之大德，故《程傳》釋〈乾彖〉「大哉乾元」曰：

> 贊乾元始萬物之道大也。四德之元，猶五常之仁；偏言則一事，專言則包四者。（卷第一）

以「仁」釋「乾元」，即以「乾元始萬物」之作用爲「仁」矣，故仁爲道體之內涵。生生之結果爲萬物並作，而萬物又同具「生生」之作用，故萬物皆含道體，亦即皆有「仁」也。此爲理一分殊之基本論述。程頤曰：「仁，性也。」〔註72〕《程傳》：「天所賦爲命，物所受爲性。」（〈乾象〉）故「仁」乃天生之性。萬物雖殊，而所含之天性皆具「仁」之德性則一。此爲「民胞物與」之基本條件。萬物之性既含此「仁」德，則知「仁」者，可以感通萬物，而能與萬物相接，渾爲一體矣。故物雖萬殊，事雖萬變，能統之以仁德，則無違天道。〈上繫〉曰：「顯諸仁，藏諸用。」（第五章）於日用中發揮仁德。〈說卦傳〉又曰：「立天之道曰陰與陽，立地之道曰柔與剛，立人之道曰仁與義。」

〔註71〕「先秦正宗儒家」一語，其義含糊，不知所指？「先秦儒家」，固可涵蓋孔孟荀及其弟子，包括《十翼》之作者。而「正宗」一詞頗爲突兀，且有排他之意，究何所指？荀子思想歧出於孔孟，是否即爲「非正宗」？

〔註72〕同注66。

（第二章）以仁義貫通天地，使萬物渾然一體，無怪乎《十翼》之所以不失爲儒門之學，二程之所以能回契孔孟也。仁，可貫通天地，廣被萬物；上下四方，無不涵攝，可謂廣大悉備。能明此道理者，則能通幽明之故，盡事物之情矣。（〈易傳序〉語）

二、道用

張載民胞物與之觀念，固爲二程所接受，然其弟子楊時〔註 73〕則頗有疑慮，謂其恐流於墨子之兼愛，嘗致書程頤。程頤答曰：

> 橫渠立言，誠有過者，乃在《正蒙》。〈西銘〉之爲書，推理以存義，擴前聖所未發，與孟子性善、養氣之論同功，豈墨氏之比哉？〈西銘〉明理一而分殊，墨氏則二本而無分。分殊之蔽，私勝而失仁；無分之罪，兼愛而無義。分立而推理一，以止私勝之流，仁之方也。無別而迷兼愛，至於無父之極，義之賊也。〔註74〕

民胞物與，其末流易致「兼愛」；墨子即主兼愛說，孟子斥其無父無母，比之禽獸。程頤爲張載辨，認爲〈西銘〉係「明理一而分殊」，與墨者之「二本而無分」異。「二本」之說語出《孟子》：「天之生物也，使之一本，而夷子二本故也。」（〈滕文公上〉）夷子爲墨家之徒，與孟子辯兼愛之說。孟子斥之，以爲人生本於父母，爲一本；視父母如路人，同等對待，則二本矣。程頤雖褒張載「理一分殊」之說，然「分殊」亦非無蔽，其末流易致「私勝而失仁」，故程頤主張「分立而推理一，以止私勝之流」。「推理一」，即是「仁之方也」。故程頤之道用，首推理一。

（一）推理一而致天下大同

推理一者，推廣理一之觀念也。天下之理唯一，故能殊途而同歸。分殊之蔽，程頤指出，其末流易爲私欲所勝，而忘本忘源；救此蔽者，則必須推廣理一之觀念。故程頤論道一，合天人而言之。道一即理一也。君子如能致一，則與天齊。理一之內涵，乃孔子所宣揚之仁德。理爲形上道體之實有，其內涵爲生生之仁，故落實於形下，則爲仁德之推廣。故推理一之實際作爲，即推行仁德也。推行仁德，乃就人事言。仁德如何推行？程頤曰：「公者仁之

〔註73〕楊時本爲明道弟子，後歸於程頤門下。
〔註74〕程頤：〈答楊時論西銘書〉，《程氏文集》卷第九，《二程集》頁 609。

理，恕者仁之施，愛者仁之用。」張載曰：「誠一物也。」〔註75〕公爲仁之一理，恕、愛爲仁之施用，則又以仁爲體，公爲仁體所導出之理，而恕、愛爲用矣。亦即體用一源之意，故張載云：「誠一物也。」恕、愛爲仁之施用，然則「愛人」即爲仁德耶？程頤嘗深切思之，《程氏外書》錄呂堅中所記〈尹和靖語〉曰：

> 先生云（即和靖）：「初見伊川先生，一日，有江南人鮑某守官西京，見伊川，問仁曰：『仁者，愛人便是仁乎？』伊川曰：『愛人，仁之事耳。』先生時侍坐。歸，因取《論語》中說仁事致思。久之，忽有所得，遂見伊川。請益曰：『某以仁，惟公可盡之。』伊川沈思。久之，曰：「思而至此，學者所難及也。天心所以至仁者，惟公爾。人能至公，便是仁。」〔註76〕

據《伊洛淵源錄》所載，和靖年二十始登程頤之門，〔註77〕程頤五十八歲，其時程顥已逝。觀此語錄，有「伊川沈思」之語，意謂程頤於此時始思考「人能至公，便是仁」之理。而此理乃由弟子和靖所啓發者，未與程顥討論也。「天心」即天道，動而無息，生生不已，即爲其心。而其心至公無私，萬物共蒙其利。故程頤謂：「天心所以至仁者，惟公爾。」倘人能行之，「便是仁」矣。

《程傳》釋〈同人〉卦辭「于野，亨。利涉大川，利君子貞」曰：

> 夫同人者，以天下大同之道，則聖人大公之心也。常人之同者，以其私意所合，乃暱比之情耳；故必于野，謂不以暱近情之所私，而于郊野曠遠之地。既不係所私，乃至公大同之道，无遠不同也，其亨可知。能與天下大同，是天下皆同之也。天下皆同，何險阻之不可濟？何艱危之不可亨？故利涉大川，利君子貞。
>
> 上言于野，止謂不在暱比，此復言宜以君子正道。君子之貞，謂天下至公大同之道。故雖居千里之遠，生千歲之後，若合符節。推而行之，四海之廣，兆民之眾，莫不同。小人則唯用其私意，所比者，雖非亦同；所惡者，雖是亦異。故其所同者，則爲阿黨，蓋其心不正也。故同人之道，利在君子之貞正。（卷第二）

「天下大同」之說，爲《禮記・禮運》之要旨。首句即曰：「大道之行也，天

〔註75〕　《程氏粹言》卷第一〈論道篇〉，頁 1172。
〔註76〕　《程氏外書》卷第十二，《二程集》頁 439。
〔註77〕　《伊洛淵源錄》，朱熹編。其載見卷四。（《四庫全書》）

下爲公。」〔註 78〕「大道」即天道，天道無私，以公心運行天下，故能「選賢與能，講信修睦」，以「大公之心」使「天下大同」。故程頤發揮此旨，謂如能以大公之心使天下同之，則「何險阻之不可濟？何艱危之不可亨？」程頤推理一之觀念，主在救分殊私勝之蔽。其理固可作爲個人修身之資，而達道德與天合一之境界；然其終究目的，乃在於治國，故推行仁德，首張公理。在位者以仁德是從，亦必須公理是依，方能使「天下皆同之」。程頤嘗曰：「至公無私，大同無我，雖眇然一身，在天地之間，而與天地無以異也，夫何疑焉？」〔註 79〕又《程傳》釋〈復・六二・象〉曰：「仁者，天下之公，善之本也。」（卷第三）以君子貞正之德，立足於天地之間，俯仰無愧，唯公是從，正是從政者之官箴，亦爲儒者修養之大本也。故程頤之道用，首推理一。

（二）時中之用

時中，分言之，爲時與中；合言之，時而中也。時中之義，爲孔孟所共許者。孟子嘗贊孔子曰：「孔子，聖之時者也。」（〈萬章下〉）謂孔子能掌握時義，進退有據，行止有度。孔子嘗曰：「不得中行而與之，必也狂狷乎！狂者進取，狷者有所不爲也。」（《論語・子路》）「中行」即「中道」，失其中道，行逕非狂即狷，孔子所不願見者也。孔孟尚時中，故儒者應以時中爲務。《十翼》繼承孔孟義理，更尚時中之學。據胡自逢統計，〈彖傳〉言時者二十四卦，言中者二十五卦。〈象傳〉言時者六卦，言中者三十六卦。〔註 80〕程頤於其間

〔註 78〕《禮記正義》卷第二十一，頁 413 上。（《十三經注疏》）。

〔註 79〕同注 77。

〔註 80〕《程伊川易學述評》頁 121。

案：胡氏謂「言時者二十四卦」。考〈彖傳〉，涉「時」義者共二十七卦，分別爲〈乾〉、〈蒙〉、〈大有〉、〈豫〉、〈隨〉、〈觀〉、〈賁〉、〈頤〉、〈大過〉、〈習坎〉、〈恆〉、〈遯〉、〈睽〉、〈蹇〉、〈解〉、〈損〉、〈益〉、〈姤〉、〈革〉、〈艮〉、〈豐〉、〈旅〉及〈節〉等。其中〈觀〉、〈恆〉與〈節〉僅言「四時」之變化，義理較淺，或爲胡氏所剔除。

又：胡氏謂「言中二十五卦」。考〈彖傳〉，言「中」者共三十六卦。分別爲〈蒙〉、〈需〉、〈頌〉、<u>〈師〉</u>、<u>〈比〉</u>、<u>〈小畜〉</u>、〈履〉、〈同人〉、〈大有〉、<u>〈臨〉</u>、〈觀〉、〈噬嗑〉、<u>〈无妄〉</u>、〈大過〉、<u>〈習坎〉</u>、〈離〉、〈睽〉、〈蹇〉、〈解〉、〈益〉、〈姤〉、<u>〈萃〉</u>、<u>〈升〉</u>、〈困〉、<u>〈井〉</u>、〈鼎〉、〈漸〉、〈旅〉、〈巽〉、<u>〈兌〉</u>、〈渙〉、〈節〉、〈中孚〉、〈小過〉、〈既濟〉及〈未濟〉等。其中有十一卦稱「剛中」（前三十六卦有底線者），僅謂陽爻居中之意，或爲胡氏所剔除。然《周易》尚中，〈彖〉特明「剛中」，豈無深意焉？

又：胡氏謂「〈象傳〉言時者六卦」。〈象〉分大小。〈大象〉言一卦之象，〈小象〉言一爻之象。考〈大象〉言時者兩卦：〈无妄〉與〈革〉；〈小象〉言

發揮時中大旨，更是淋漓盡致。嘗曰：「學者全要識時，若不識時，不足以言學。」〔註81〕可見時與學關係之密切，而程頤尤重時義。又曰：「看《易》，且要知時。」〔註82〕意謂《易》重時義，不可不知也。茲時中分言，以見程頤之道用。

1. 時

王弼曰：「卦者，時也。爻者，適時之變者也。」〔註83〕《程傳》於〈屯‧上九‧象〉曰：「卦者，事也。爻者，變也。」卦爲時之事，爻爲事之變；王弼就卦之時義言，程頤就卦時之事象言。時變事亦變，事變時亦變也。時與事互爲表裡，故兩人之意並無扞格，或可合稱爲「時事」。《易》發揮時事之義，主要在於〈象傳〉。《程傳》釋〈豫‧象〉「豫之時義大矣哉」一語曰：

> 時義，謂〈豫〉之時義。諸卦之時與義用『大』者，皆贊其「大矣哉」，〈豫〉以下十一卦是也。〈豫〉、〈遯〉、〈姤〉、〈旅〉，言時義；〈坎〉、〈睽〉、〈蹇〉，言時用；〈頤〉、〈大過〉、〈解〉、〈革〉，言時，各以其大者也。〔註84〕（卷第二）

案：依王弼之意，卦者時也，則六十四卦皆時也。依程頤之意，卦者事也，則六十四卦皆事也。合言之，時事也。乾爲始萬物之時事，坤爲順乾育物之時事，屯爲屯難之時事，既濟爲昇平之時事，未濟爲克難之時事，故六十四卦皆時事也。程頤獨挑十一卦言之，因〈象傳〉皆有「大矣哉」之嘆。〈豫〉等四卦爲處時事之道義，時事與道義皆大；〈坎〉等三卦爲利用時事，因勢利導，時事與用事之道皆大；〈頤〉等四卦單言時序之義，抉發時運之道，時與義皆大。其分頗細，非深究則難明，宜單篇探討，以非本文旨趣，從略。大體言之，程頤極重時變與時用。時又三分，事亦三別：一爲自然之時序，「日月不過，而四時不忒」（〈豫‧象〉）者是也；一爲人事大環境之變遷，「湯、

時者四爻，分別爲〈坤‧六三〉、〈井‧初六〉、〈節‧九二〉與〈既濟‧九五〉。

又：胡氏謂「〈象傳〉言中者三十六卦」。考之，應爲〈小象〉言中者三十八卦四十七爻。文繁不備。

〔註81〕《程氏遺書》卷第二上，《二程集》頁 15。

〔註82〕《程氏遺書》卷第十九，《二程集》頁 249。

〔註83〕《周易略例‧明卦適變通爻》，《王弼集校釋》頁 604。

〔註84〕程頤所舉十一卦外，上有一〈隨〉卦。〈隨〉緊接〈豫〉後，其〈象〉亦曰：「隨時之義大矣哉！」程頤認爲，〈隨〉「與〈豫〉等諸卦不同。諸卦時與義是兩事。」

武革命，順乎天而應乎人」（〈革・彖〉）者是也；一爲己身之所遇，「上下交
而其志同」（〈泰・彖〉）者是也。於各時各事均有因應之道，要之，以順時爲
要。《程傳》於〈无妄・六二〉曰：

> 聖人隨時制作，合乎風氣之宜，未嘗先時而開之也。若不待時，則
> 一聖人足以盡爲矣，豈待累聖繼作也？時乃事之端，聖人隨時而爲
> 也。（卷第三）

老子嘗曰「道常無爲而無不爲」，一任自然，順應而爲，功成事遂。程頤亦尚
無爲，曰：「爲有爲而以無爲爲之，是乃有爲耳。聖人無爲異於是。」〔註85〕
以有爲之心行無爲之事，已涉權詐，固非老子之意，亦非程頤之旨。程頤所
謂「聖人無爲異於是」，想必即《論語》所謂「子絕四」：「毋意、毋必、毋固、
毋我。」（〈子罕〉）絕此四者，則隨時而已。時有所需，事有所變。「聖人隨
時制作，合乎風氣之宜，未嘗先時而開之也。」「隨時」而用，與老子「無爲」
之旨，實有異曲同工之妙。隨時即順道，故〈象傳〉贊其「大矣哉」。「大」
爲極重要之意，廣、深、遠，皆不足以名狀，亦皆可以名狀也。《程傳》釋〈隨・
象〉「隨時之義大矣哉」曰：

> 君子之道，隨時而動，從宜適變，不可爲典要，非造道之深，知幾
> 能權者，不能與於此也，故贊之曰「隨時之義大矣哉」。（卷第二）

孟子謂孔子「聖之時者也」，蓋能適時從宜者歟！行止有時，踐履盡道，無所
窒礙，故「隨時之義大」。道之爲用，適時爲貴，故程頤籲「學者全要識時，
若不識時，不足以言學」也。此語亦可爲儒者之銘言。

2. 中

大易重時，固亦重中。中亦有三義：位中、時中、事中也。以筮術《易》
言之，位之中，即爻位二爲下卦之中，五爲上卦之中。一、三、五爲陽位，
二、四、六爲陰位；陽爻居五，陰爻居二，是爲當位得中，爻辭多爲吉利者。
縱陽爻居二，陰爻居五，雖非其位，居中亦吉。可見筮術《易》尚中。而時
中、事中之觀念則僅見於〈彖〉、〈象〉兩傳。〈彖〉釋〈蒙〉卦辭「蒙亨」曰：
「以亨行時中也。」《程傳》發揮之曰：

> 蒙之能亨，以亨道行也。所謂「亨道」，時中也。時，謂得君之應；
> 中，謂處得其中。得中則時也。（卷第一）

〔註85〕《程氏粹言》卷第二〈人物篇〉，《二程集》頁1270。

蒙，爲天下蒙昧之時。蒙昧之所以能亨通，乃因行「亨道」。亨道者何？程頤謂：「時中也。」「時中」何義？〈象傳〉並無申論，而程頤則發揮之以爲君臣之道。〈蒙〉卦（䷃），九二爲陽，六五爲陰。程頤於〈六五〉申爻辭「童蒙吉」曰：

> 五以柔順居君位，下應於二，以柔中之德，任剛明之才，足以治天
> 下之蒙，故吉也。童，取未發而資於人也。爲人君者，苟能至誠任
> 賢，以成其功，何異乎出於己也？（同前）

〈蒙〉卦，陰居五位，陰柔居中，故具「柔中之德」；陽居二位，陽剛居中，是非明辨，故爲「剛明之才」。爻辭爲「童蒙」，孩童蒙昧無知，何以得「吉」？因五與二應也。相應必志同，相遇則志得。如爲治國，君須「至誠任賢」，即「足以治天下之蒙」，故吉也。任賢作爲，而自身無爲，功成卻無異己出。誠如老子所謂：「治大國若烹小鮮。」（第六十章）其竅妙之道，任賢而已。程頤既論爻義，復寓治國之道。人君適時任賢，即爲「亨行時中」。「適時」爲時中，「任賢」爲事中。蓋程頤之時中，已涵括事中矣。

〈震·六五·象〉曰：「震往來厲，危行也；其事在中，大无喪也。」《程傳》釋之曰：

> 往來皆厲，行則有危也。動皆有危，唯在无喪其事而已。其事，謂
> 中也。能不失其中，則可自守也。大无喪，以无喪爲大也。（卷第六）

卦中二、五兩爻，多吉無凶，然〈震〉之二、五，皆有厲象。〈震·六二〉爻辭曰：「震來厲。」兩爻雖非致凶，亦危行其事，處理不慎，其凶必來。之所以能「尤喪」者，〈象〉謂「其事在中」。《程傳》釋之曰：「其事，謂中也。」即以中道處理其事，「能不失其中，則可自守也」。

> 或問：「何謂時中？」子曰：「猶之過門不入，在禹、稷之世爲中也。
> 時而居陋巷，則過門不入非中矣。居於陋巷，在顏子之時爲中也。
> 時而當過門不入，則居於陋巷非中矣。蓋以事言之，有時而中；以
> 道言之，何時而不中也？」〔註86〕

程頤以夏禹治水十三年（或云九年），三過家門而不入；顏子窮居陋巷，而能安貧樂道，爲時中之表率，則時中之義，乃在於處事之作爲能否適宜矣。不失其中，故夏禹能竟其功，而顏子亦能自守。功業雖殊，而揆其道則一也。

程頤極重「中」義，亦重「正」義；然兩者相較，有「中重於正」之說。

〔註86〕《程氏粹言》卷第一〈論道篇〉。《二程集》頁1177。

其於〈震‧六五〉爻辭下又曰：

> 諸卦，二、五雖不當位，多以中為美。三、四雖當位，或以不中為
> 過，中常重於正也。蓋中則不違於正，正不必中也。天下之理，莫
> 善於中。於〈六二〉、〈六五〉可見。（卷第六）

「當位」者，陰居陰位，二、四、六爻也；陽居陽位，一、三、五爻也。居二、五為當位得中，或正位得中；又或謂中正，或謂正中。然雖不當位，居中為美。陰居五，陽居二也。〈震〉（䷲）卦，陰雖當位，然乘剛來屬，爻辭云：「億喪貝，躋于九陵。勿逐，七日得。」「喪貝」，屬也。陰居正位，未嘗不遇危屬之事。然幸居中，處事得宜，故能失而復得。故居中為美，中重於正也。程頤於〈震〉之二、五爻辭悟得此理，故謂：「天下之理，莫善於中。」亦宜為儒者之箴銘。

前言之，「中」三分為位中、時中、事中。程頤謂，君子「隨時而動，從宜適變，不可為典要」，蓋謂時中與事中也。筮術《易》之位中，乃指二、五爻位，為不可變者。然於實際之環境中，位非不能變，而亦可變者也。程頤曰：

> 中無定方，故不可執一。今以四方之中為中，則一方無中乎？以中
> 外之中為中，則當外無中乎？故自室而觀之，有室之中；而自堂觀
> 之，則室非中矣。自堂而觀之，有堂之中；而自庭觀之，則堂非中
> 矣。〔註87〕

不同之環境亦有不同之位中。由是言之，位中亦可變者，「不可為典要」。一著著定，則不能變矣，非易之道也。體此道者，即可以守常知變。

（三）守常知變

常與變，為道之二理。《易》有〈恆〉卦，〈彖〉、〈象〉皆因之而申論常久之道。《程傳》更不遺餘力，亟辨常與變之義，無變則不能常，恆常則必有變。語雖弔詭，理卻易明。知其理，則可悟守常知變之道矣。《程傳》釋〈恆〉卦辭「亨，无咎；利貞，利有攸往」曰：

> 恆者，常久也。恆之道，可以亨通。恆而能亨，乃无咎也；恆而不
> 可以亨，非可恆之道也，為有咎矣。如君子之恆於善，可恆之道也；
> 小人恆於惡，失可恆之道也。恆所以能亨，由貞正也，故云「利貞」。
> （卷第三）

〔註87〕同前揭書，頁 1178 至 1179。

恆，有亨有不亨之理，非恆必亨也。恆善則亨，恆惡則否矣。故〈象〉曰：
「君子以立不易方。」「不易方」者，不變之道，即恆善是也。〈九三・象〉
曰：「不恆其德，无所容也。」為惡天地難容，故程頤曰：「小人恆惡，失可
恆之道也。」可恆之道，在於「由貞正」，「由貞正」者，就道體之內涵言之，
即孟子所謂「由仁義行」（下詳）；就方法言之，時中而已。〈恆・象〉曰：

> 恆，久也。剛上而柔下，雷風相與；巽而動，剛柔皆應，恆。（同前）

《程傳》釋之曰：

> 卦才有此四者，成恆之義也。……剛處上而柔居下，乃恆道也。……
> 雷震則風發，二者相須，交助其勢，故云「相與」，乃其常也。……
> 下巽順，上震動，為以巽而動。天地造化，恆久不已者，順動而已。
> 巽而動，常久之道也。……剛柔相應，理之常也。此四者，恆之道
> 也，卦所以為恆也。（同前）

〈恆〉（䷟），《巽》下《震》上。程頤將〈象傳〉之語釐析為四，以為〈恆〉
卦成恆之義。就位置言，《震》剛在上，《巽》柔在下，一如天尊地卑，乃恆
久不變之道理；就對待言，二物相須相與，亦為常理；就時中言，隨時之義，
即為順動而已；就性質言，一剛一柔相應，乃和諧之常理也。四者皆有恆義，
故為〈恆〉卦。程頤既釋卦名，亦釋卦理。

　　恆為不變之義，復有應變之理，故《程傳》釋〈恆〉卦辭「利有攸往」
又曰：

> 夫所謂恆，謂可常久之道，非守一隅而不知變也，故利於有往。唯
> 其有往，故能恆也。一定，則不能常矣。（同前）

恆非「一定」，一定者，則膠著而不能變矣。道之運動變動不居，豈有一定之
理？定死即腐，再無生生之義矣。故雖山嶽之堅厚，亦不能不變。又《程傳》
釋〈恆・象〉「利有攸往，終則有始也」曰：

> 天下之理，未有不動而能恆者也；動則終而復始，所以恆而不窮。
> 凡天地所生之物，雖山嶽之堅厚，未有能不變者也；故恆，非一定
> 之謂也，一定則不能恆矣。唯隨時變易，乃常道也，故云「利有攸
> 往」。明理之如是，懼人之泥於常也。（同前）

「終而復始」，即老子「反者道之動」。唯其「終而復始」，故能「恆而不窮」。
常與變，乃道之二理，亦為道之一體兩面。〈易傳序〉開宗明義即曰：「易，
變易也。隨時變易以從道也。」已揭守常知變，隨時從道之大義矣。程頤係

以儒家之義理等同易道，故其所謂「常」，於儒理爲五常之道，即仁、義、禮、智、信。專言則一道，分言則包五者。守常知變，時中而處之，乃《程傳》明體達用之大旨。

（四）敬以直內，義以方外

明體達用，爲北宋道學之總綱。明體方能達用，故明體爲要。然道理雖知，其體未悟，亦不能達用也。所謂「明」者，非知識之明白，乃證知、體悟道理之如此，而身體力行。縱孔子之聖，亦非生而知之者，缺乏人生歷練，亦無從證知與體悟。孔子三十而立，學而已矣；四十而不惑，志定而已矣；五十而知天命，方乃覺悟，人生與歲月之磨礪也，豈可或缺？王弼注《易》，乃知識之知，逞其天才橫溢，觸理旁通，發人所未發；唯其短壽，固亦缺證知與體悟。程頤亦天生聰穎，十八歲即上書仁宗，英氣勃發。二程於二十四、五歲時，與其表叔張載論辯易道，張亦自嘆弗及，撤虎皮而讓座。苟二人早逝，亦如王弼之流而已。程顥二十六歲中進士，歷任州縣主簿，政績卓著。後得朝廷延攬，任爲御史。程顥學問，頗受神宗器用。復遇安石變法，抗顏力阻，自是見棄，遂求外放。神宗崩，安石去位，朝廷復用程顥，然不幸於五十四歲中壽而卒。程頤仕途不順，更甚於兄。十八歲即上書仁宗，冀遇明主而不見用。二十七歲舉進士，是年廷試報罷（即暫緩辦理），遂不復試，專事講學。程顥卒後，程頤得司馬光等人之薦，充崇政殿說書，以爲少帝師傅，時年五十四歲矣。惟道之不行，已知之矣，翌年乃罷，權管勾西京國子監。欲歸田里，卻被挽留，引發洛蜀之爭，目爲黨魁，陷於黨爭之累而不能自拔。程頤六十五歲時，黨論又起，被追毀出身以來文字，放歸田里。復又編管涪州，遠徙四川，迄六十八歲而始還。七十歲，又陷黨籍，入元祐黨人碑，列爲奸黨，禁其講學。至其卒也，門人四散，唯尹焞、張繹數人陪侍在側而已。終程頤一生，其中、晚年之歷練至爲深刻，縱可安貧樂道，甘之如飴，又豈能無感無悟耶？故程頤之於易道，乃爲證知與體悟，非逞才氣者也。程頤入元祐黨籍後，弟子呂本中記其事蹟曰：

> 崇寧初（案：宋徽宗崇寧元年，1102 年，程頤時年七十），家叔舜從，以黨人子弟補外官，知河南府鞏縣，請見伊川先生。問：「當今新法初行，當如何做？」先生云：「只有義命兩字。當行不當行者，義也；得失禍福，命也。君子所處，說義如何耳。」〔註88〕

〔註88〕《程氏外書》卷第十二，《二程集》頁 444。

程頤際遇坎坷，晚年猶以「義」勉人，置「命」於度外，故其論「義命」，殊覺入木三分，特別感人。「敬以直內，義以方外」，原屬〈坤・文言〉語，由程頤親口道出，雖拾前人之慧，又豈能視爲等閒語耶？〈坤・文言〉曰：

> 直，其正也。方，其義也。君子敬以直內，義以方外，敬義立而德不孤。「直、方、大，不習，无不利」，則不疑其所行也。（卷第一）

《程傳》釋之曰：

> 直，言其正也。方，言其義也。君子主敬以直其內，守義以方其外；敬立而內直，義形而外方。義形於外，非在外也。敬義既立，其德盛矣，不期大而大矣，德不孤也。无所用而不周，无所施而不利，孰爲疑乎？（同前）

案：「直、方、大，不習，无不利」，爲〈坤・六二〉爻辭。〈六二〉陰居正位，在下卦之中，故爲中正在下。《程傳》釋之曰：

> 中正在下，地之道也。以直、方、大三者形容其德用，盡地之道矣。由直、方、大，故不習，而无所不利。不習，謂其自然。在坤道，則莫之爲而爲也；在聖人，則從容中道也。（同前）

程頤釋「地之道」爲「中正在下」；地之德用爲「直、方、大」；「不習」爲「自然」，則「坤道」「直、方、大」之德用乃「莫之爲而爲」者，即老子「無爲而無不爲」之旨，謂本來如此，非刻意有所作爲也。故聖人行「中道」，亦自然之事，「從容」而爲，非刻意者也。程頤嘗論「敬以直內，義以方外」云：

> 敬以直內，義以方外，仁也。不可曰「以敬直內，以義方外」。謂之敬義者，猶曰「行仁義」云耳，何直之有？所謂直也者，必有事而勿正心是也。敬以直內，義以方外，與物同矣，故曰：「敬義立而德不孤。」推而放諸四海而準。〔註89〕

「行仁義」爲孟子語，其言曰：「舜明於庶物，察於人倫；由仁義行，非行仁義也。」（〈離婁下〉）意謂仁義之事，乃人性之自然流露，非刻意而爲者。自然而然爲仁義，爲「由仁義行」；刻意而爲仁義，即「行仁義」。程頤以爲，「敬以直內，義以方外」，亦乃「由仁義行」之事，故不能謂「以敬直內，以義方外」也。「有事」而「正心」，已是「行仁義」矣，非「由仁義行」也。唯其「由仁義行」，方可「與物同」。「與物同」即張載所謂「民胞物與」也。萬物

───────────────

〔註89〕《程氏粹言》卷第一〈論道篇〉，《二程集》頁 1173～1174。

同體，故「敬義立而德不孤」。敬與義，皆爲道之體用。〔註90〕涵養道體，方能達用。然涵養道體，亦非刻意爲之者。能「直內」而行，自然生「敬」，即程頤「涵養須用敬」之義也。「用敬」，非以「敬」涵養，乃以「直內」涵養。以「直內」涵養，自然生「敬」；「敬」生，則「義」在其中矣。程頤涵養之意，實與孟子同。孟子曰：「我善養吾浩然之氣……其爲氣也，至大至剛，以直養而無害。」（〈公孫丑上〉）以「直」養之浩然之氣，猶「敬以直內，義以方外」之意也。王弼逞其才智辨名析理，其言固有可採；然以巧語拙人，實非學問之態度。道體未悟，又無歷練之故也；更遑論有「敬」？程頤又曰：「入道莫如敬。」〔註91〕又曰：「敬即是禮。」〔註92〕係就學習之歷程言，「涵養須用敬」亦爲如是觀。故主敬行禮，入道、盡道之始也。

（五）踐履盡易

程頤曰：「《易》之有象，猶人之守禮法也。」〔註93〕象爲《易》之用，程頤以「禮法」比象，則禮法爲道之用，殆無疑義矣。程頤又曰：「盡天理，斯謂之易。」〔註94〕《易》示天道，天道即天理。禮法爲道之用，守禮法即能盡天理，此程頤所謂「踐履盡易」之義也。儒門重禮，眾所周知。《論語》載季氏觀八佾之舞，孔子曰：「是可忍也，孰不可忍也？」（〈八佾〉）又論顏子曰：「克己復禮爲仁。」（〈顏淵〉）孟子曰：「辭讓之心，禮之端也。」（〈公孫丑上〉）又曰：「義，路也；禮，門也。惟君子能由是路，出入是門也。」（〈萬章下〉）荀子論性惡，雖歧出孔孟，然其論禮，直謂「禮有三本」，其首本即歸之於天地，曰：「天地，生之本也。」（〈禮論篇〉）孟子以心性論禮之源，荀子以天道論禮之源，是二人之不同處。而〈序卦〉則承荀子之遺緒，論禮之所由生，本之於宇宙萬物生成之秩序。其言曰：

> 有天地然後有萬物，有萬物然後有男女，有男女然後有夫婦，有夫婦然後有父子，有父子然後有君臣，有君臣然後有上下，有上下然後禮義有所錯。〔註95〕

〔註90〕程頤嘗釋孟子「配義與道」一語云：「即是體用。道是體，義是用，配者，合也。」（《程氏遺書》卷第十八，《二程集》頁188。）
〔註91〕《程氏遺書》卷第三，《二程集》頁66。
〔註92〕《程氏遺書》卷第十五，《二程集》頁143。
〔註93〕《程氏粹言》卷第一〈論書篇〉，《二程集》頁1205。
〔註94〕同前揭書，頁1207。
〔註95〕《王弼集校釋》頁583。

萬物生成之序，是否如此，已難確知。時代久遠，以億年計，科學家之論宇
宙生成，亦唯推理耳。以基督教之《聖經》觀之，其《舊約・創世記》謂神
先創造天地，再造萬物，然後依其形象造男女。萬物生成秩序之先後，〈序卦〉
與〈創世記〉之說若合符節，唯無神論耳。〈序卦〉既有此認定，則天地生物，
井然有序。萬物既作，人倫既始，先王因之制禮，所以別先後，分尊卑，定
名分，立法度，較異同。故生生之序，為制禮之哲理根源。荀子與〈序卦〉
將制禮之價值根源歸於天，程頤則歸於天理。《程傳》於〈損〉卦「曷之用？
二簋可用」曰：

> 先王制其本者，天理也；後人流於末者，人欲也。（卷第五）

「先王制其本」，即「聖人隨時制作」之義。「制其本」乃順應民情之需，為
百姓所樂於接受者，故所以為合「天理」之事。程頤嘗曰：「禮之本，出於民
之情，聖人因而導之耳。」〔註96〕〈序卦〉：「物畜然後有禮，故受之以履。」
韓康伯注：「履者，禮也。禮所以適用也，故既畜則宜用，有用則須禮也。」
〔註97〕《程傳》釋〈小畜〉曰：

> 物相比附則為聚；聚，畜也。（卷第一）

物以類聚，既聚則相畜。相畜則須以禮為用，使眾有序。故履者，即踐禮之
義。《程傳》釋〈履〉卦曰：

> 履，禮也；禮，人之所履也。（同前）

「人之所履」，其說本於荀子。荀子曰：「禮者，人之所履也；失所履，必顛
蹶陷溺。」（〈大略篇〉）「顛蹶陷溺」，即違天理，末勝於本，上下亂矣。《程
傳》於〈損〉卦復申之曰：

> 天下之害，无不由末之勝也。峻宇雕墻，本於宮室；酒池肉林，本
> 於飲食；淫酷殘忍，本於刑罰；窮兵黷武，本於征討。凡人欲之過
> 者，皆本於奉養；其流之遠，則為害矣。（卷第五）

「宮室」、「飲食」、「刑罰」、「征討」、「奉養」等事，皆有所「本」。所謂「本」
者，即基本之需要，故「先王制其本」，乃符合「天理」之事。然此基本之
欲求，如無節制，「則為害矣」。「峻宇雕墻」、「酒池肉林」、「淫酷殘忍」、「窮
兵黷武」、「人欲之過」，皆其為害也。荀子以人性為惡，亦針對此一現象而
起。其論曰：「今人之性，生而有好利焉，順是，爭奪生而辭讓亡焉；生而

〔註96〕《程氏遺書》卷第二十五，《二程集》頁327。
〔註97〕《王弼集校釋》頁581。

有疾惡焉，順是，故殘賊生而忠信亡焉；生而有耳目之欲，有好聲色焉，順是，故淫亂生而禮義文理亡焉。」（〈性惡篇〉）人性之基本欲求滿足後，應有所節制；「順是」而不節，則人欲氾濫，窮奢極侈，危害隨即而至，故荀子與程頤皆主張以禮節之。荀子主張以禮養欲，程頤則藉〈損〉卦提出「損人欲」之說。《程傳》曰：

> 損之義，損人欲以復天理而已。（同前）

又釋〈損・初九〉曰：

> 損之義，損剛益柔，損上益下也。……過與不及，皆不可也。（同前）

觀此數語，知程頤之損人欲並非否定人欲。「過與不及，皆不可也」，即為中義。「天下之理，莫善於中」也。飲食男女，人之所需，亦人之所欲，不可或缺，何能否定？然人欲無窮，侈肆則害，故「損人欲」之作為有其必要性，「其事，謂中也。」老子所謂「寡欲」者，亦「損人欲」之義。然則損之程度為何？寡之多少為合度？衡情論理，人各不同，又以何標準裁量？故先王必須制其本，訂立規模，以作行為之準繩。〈節・彖〉有「節以制度，不傷財，不害民」之說，《程傳》復申之曰：

> 聖人立制度以為節，故能不傷財害民。人欲之无窮也，苟非節以制
> 度，則侈肆至於傷財害民矣。（卷第六）

「聖人」與「先王」，於程頤時為同義。禮有三本，亦有三義。以人倫行為之規範訂定模式者，為禮儀之義；以政治運作為遠圖而設計者，為制度之義；以職司究責為目的者，為法令之義。三義通謂之禮法。故荀子曰：「禮者，法之大分，類之綱紀也。（〈勸學篇〉）」又曰：「禮義生而制法度。」（〈性惡篇〉）程頤既以「制其本」為天理，則其所謂禮法，亦概括禮之三義矣。程顥嘗言：「克己復禮，乃所以為道也。」〔註98〕「為道」即行道，亦程頤「踐履盡易」之意也。程顥又曰：

> 居今之時，不安今之法令，非義也。若論為治，不為則已，如復為
> 之，須於今之法度內處得其當，方為合義。若須更改而後為之，則
> 何義之有？〔註99〕

守當時之法，為合義者。改法以遷就行事，即非義矣。禮法為道之用，知所守，行其所宜，則可謂盡道矣。《程傳》釋〈履・初九〉爻辭「素履，往无咎」

〔註98〕《程氏遺書》卷第一，《二程集》頁3。
〔註99〕同前揭書，頁18。

曰：

> 夫人不能自安於貧賤之素，則其進也，乃貪躁而動，求去乎貧賤耳，
> 非欲有爲也。既得其進，驕溢必矣，故往則有咎。賢者則安履其素，
> 其處也樂；其進也，將有爲也。故得其進，則有爲而无不善，乃守
> 其素履者也。（卷第一）

〈履〉（䷉）卦，《兌》下《乾》上，初爻爲陽，故陽在下，爲潛龍勿用之時。
安於「勿用」之理，即爲「守其素履」，安其所安。「損人欲」之道，即以禮
爲用，行所當行，止所當止，樂天知命。故程頤謹禮四、五十年，謂「日履
安地」，不以爲苦也。唯人能安貧樂道，方能進退有據，行所當行，止所當止。
故程頤之道用，論人謹守禮法，各安其分也。

第四節　治國之道與君臣之義

程頤嘗受薦充崇政殿說書，翌年乃罷。朝廷改差權同管勾西京國子監，
即上書申明欲歸田里之意。其書曰：

> 竊念臣本草萊之人，因二三大臣論薦，遂蒙朝廷擢任，以置之經筵，
> 故授以朝階。今既有罪，不使勸講，則所受之官，理當還奪。雖朝
> 廷務存寬厚，在臣義所難處。伏望聖慈許臣納官歸田里，以安愚分。
> 冒瀆宸嚴，臣無任。〔註100〕

書末再「貼黃」曰：

> 若臣元是朝官，朝廷用爲說書，雖罷說書，卻以朝官去，乃其分也。
> 臣本無官，只因說書授以朝官。既罷說書，獨取朝官而去，極無義
> 理。

程頤崇政殿說書一職，係未經考試任用者，本非朝廷官員，受薦入朝充
職而已，故去職後理應復其百姓之身，此程頤上書欲歸田里之大意也。其中
尤應注意者，是程頤辭官之理由，其官制之理念於當日頗爲新穎，似已超越
時人之視野，故不被採納。程頤之意，猶如今日之民主制度政務官與事務官
之分野。事務官由考試進用者，爲政府機器之一員，可隨時調用，適才適所。
而政務官則隨時事而進，亦隨時事而退，罷官後應無所謂調任之事，亦無調
任之理。故程頤特別強調：「既罷說書，獨取朝官而去，極無義理。」「義理」

〔註100〕《程氏文集》卷第六〈乞歸田里第一狀〉，《二程集》頁553。

正是程頤所關注者，即事盡理，即盡易道也。然朝廷並不接受，故程頤復上書曰：

> 臣昨自崇政殿說書受勅權同管勾西京國子監。傳聞因諫官有言，臣雖不知所言何事，必是罪惡有實。竊念臣昄畎之人，因司馬光、呂公著、韓絳等以行義稱薦，蒙朝廷授官。今既有罪惡，是無行義，自當追奪，以正誤朝廷之罪。尚叨祿位，有何義理？臣愚竊意朝廷顧惜事體，以嘗旌用，不欲放棄。臣竊以爲不然。始聞其善而用之，陛下急賢之心也；後見其惡而去之，至公之道也。伏望聖慈，俯鑒丹誠，許歸田里。〔註101〕

程頤係因諫議大夫孔文仲彈劾去官，然程頤並不知其當日彈劾內容。自忖有罪，否則何以去官？既然去官，自應放歸田里，何以轉差權管西京？「尚叨祿位，有何義理」？程頤一再以不合義理爲辭官之理由，可見其對義理之重視。其三狀請辭不獲，復又三狀乞致仕，實非官樣文章也。程頤於此狀中復提出「至公之道」，以辨其是非。「至公之道」，即〈同人〉卦所謂「大公之心」也，至公無私，正是程頤所要闡揚之道用。道之所在，亦義之所在也。朝廷不報，程頤復上第三狀，即強調枉道苟安之不義，亟欲求去，其書曰：

> 臣非不知享祿勝於躬耕，貧匱不如溫足。顧以讀書爲儒，粗知廉恥，不敢枉道以求安。伏望聖慈，矜察至誠，俾完素守。苟遂丘園之請，敢望天地之恩？周避誅夷，必期俞允。〔註102〕

「素守」之義，即〈履・初九〉爻辭「素履」也。〈中庸〉亦曰：「君子素其位而行，不願乎其外。……素貧賤，行乎貧賤；……。」程頤弘揚儒家義理，而能克守本分，踐履盡道，言所應言，行所應行，如此而已。不獲大用，即安於本分，守其素履。儒者豈能枉道以求苟安耶？今繼述《程傳》之義理論，以見其行爲處事之準則。程頤之論，皆其道用也。其道用論用於政治，即爲治國之道與君臣之義。《易》六十四卦皆六爻，初、二爲地道，三、四爲人道，五、上爲天道。人道貫通天地，所謂參贊天地之道也。五爲君位，三、四爲臣位；一、二又可與四、五應，則其君臣之義，於《易》中可謂無處不在。《程傳》名爲解《易》，實則藉《易》論治國之道、論君臣之義，所謂道用者，治國平天下之用也。儒者若能踐履盡之，既克盡易道，亦能使天下太平，正是

〔註101〕同前揭書，〈乞歸田里第二狀〉，《二程集》頁554。

〔註102〕同前揭書，〈乞歸田里第三狀〉，《二程集》頁555。

程頤用心之所在也。茲分治國之道與君臣之義闡明《程傳》道用之落實處。

一、治國之道

　　治國之要義，在於治民。治民之道，首在安之，即孔子所謂「修己以安百姓」也。儒學之旨趣，自孔子倡君子儒始，即在於能安百姓，修己乃在安百姓之前提下所派生之觀念，儒學實以安民爲本，修己爲末也。然安民則必先修己，以取信於民，否則民何以能安？故修己又爲起端，安民爲末事矣。〈大學〉曰：「物有本末，事有終始；知所先後，則近道矣。」本末一道，雖先後爲二，其理則一。〈大學〉又曰：「自天子以至於庶人，壹是皆以修身爲本。其本亂而末治者否矣；其所厚者薄，而其所薄者厚，未之有也。」以修身爲本，乃爲治國之起端，非最終之目的也。其最終之目的乃在於治國，所謂末者是也。故本末一體，非有二也。重本即重末，重末即重本。程頤論道，未嘗釐分本末爲二；論治道，亦主修己以安百姓。而安民之義，程頤提出一觀念，以作爲人君必須安民之道理，於當日頗爲驚世。《程傳》釋〈比·象〉「不寧方來，上下應也」曰：

> 人之生，不能保其安寧，方且來求附比。民不能自保，故戴君以求寧；君不能獨立，故保民以爲安。不寧而來比者，上下相應也。
>
> 以聖人之公言之，固至誠求天下之比，以安民也。以後王之私言之，不求下民之附，則危亡至矣，故上下之志，必相應也。在卦言之，上下群陰比於五，五比其眾，乃上下應也。（卷第一）

〈比〉卦（䷇），《坤》下《坎》上，陽爻居五，餘爻皆陰，故云「上下群陰比於五」，「五比其眾」。陽爻居五，象君；餘爻皆陰，象百姓。王弼曰：「五陰而一陽，則一陽爲之主矣。」〔註103〕故五陰附於一陽，以陽爲一卦之主，而上下相應。上下之所以能相應，程頤以爲：「民不能自保，故戴君以求寧；君不能獨立，故保民以爲安。」則君民乃互相依存者，亦即道論之互相對待義。唯其相需相待，故能相應。而相待之道在於「誠」，其道之用則在於「公」，聖人能以公心誠意「求天下之比」，故能「安民」也。民安則君位亦保，否之，後王以私心治國，求其所欲，「則危亡至矣」。上下之志同固能相應，上下之志異則非但無應，甚且背離。「水能載舟，亦能覆舟」，此之謂也。程頤揭此君民相需相待之義，於今日民主政制言之，已爲常識；然在當日，則可

〔註103〕王弼：《周易略例·明象》。《校釋》頁591。

視爲邪說。日後蔡京即以「邪說詖行，惑亂眾聽」之罪名，列程頤爲奸黨，並追毀其出身以來文字。由是觀之，程頤之論，於當日豈能視爲等閒之語哉？

程頤治國之道，亦以安民爲重，而安民之道，在位者「修己」固爲要務，然修己不能立即安民，必需依賴制度。「先王制其本者，天理也」，「制其本」之義，其實際作爲，即訂定制度以安民也。《程傳》釋〈節・彖〉「天地節而四時成。節以制度，不傷財，不害民」曰：

> 天地有節，故能成四時，无節則失序也。聖人立制度以爲節，故能不傷財害民。人欲之无窮也，苟非節以制度，則侈肆至於傷財害民矣。（卷第六）

又釋〈節・象〉「君子以制數度，議德行」曰：

> 君子觀節之象，以制立數度。凡物之大小、輕重、高下、文質，皆有數度，所以爲節也。數，多寡。度，法制。議德行者，存諸中爲德，發於外爲行。人之德行，當義則中節。議，謂商度，求中節也。（同前）

觀程頤「立制度」之義，其目的乃在於節制在位者之「人欲」，非節制人民也。「苟非節以制度，則侈肆至於傷財害民矣」，由此，故知制度乃在於保民安民者也。制度何者爲是？「求中節也」。「中節」之義，猶云中道。適中即合中道。時或有不同，中道亦隨時而變，故須適時「商度」，以符「中節」之義。程頤釋「議德行」，似非〈象傳〉本義，[註104] 主在申明隨時變易從道之理。而「商度」之以中節，程頤似在暗示，制度非人君所能獨尊者也。以「至誠求天下之比」，立其「中節」，始符民望。言外之意，非細讀《程傳》，豈能知之？茲分以養安民、至誠任賢、刑教並重、用險保民四者，以論程頤治國之義理如下。

（一）以養安民

養民之義，首見於《尚書・大禹謨》：「禹曰：『於！帝念哉：德惟善政，政在養民。』」[註105] 邾文公亦曰：「命在養民。」[註106] 故不論天子或國

[註104] 高亨《周易大傳今注》謂：「君子觀此卦象及卦名，從而建立制度，論定德行之準則。」頁 474。愚意以高注爲確解。「議德行」，是以制度爲標準，論定德行之良窳。仁義之事非無限上綱者，必賴制度爲之節制，否則易流於墨子所謂兼愛。而程頤之意，乃「商度」制度之內容，是否「中節」，非以制度議德行也。

[註105] 《尚書正義》頁 53 下。（《十三經注疏》）

[註106] 《左傳正義》頁 333 上。（《十三經注疏》）

君，皆以養民爲務。孔子嘗謂子產曰：「有君子之道四焉：其行己也恭，其事上也敬，其養民也惠，其使民也義。」（《論語‧公冶長》）朱注：「惠，愛利也。」愛利，即實質之好處。孟子主周人之田賦「百畝而徹，其實皆什一也」（〈滕文公上〉）；以時入山林（〈梁惠王上〉），使民養生葬死而無憾，亦是養民之義。荀子論君道曰：「君者，何也？能群也。能群也者，何也？曰：善生養人者也，善班治人者也，善顯設人者也，善藩飾人者也。……善生養人者，人親之，……。不能生養人者，人不親也。」（〈君道篇〉）以「善養人」爲「能群」之首要，則不善養人者，「群」亦散矣。上下不相應故也。安民之道，其首要在於養民，固爲執政者之責任，亦乃儒者之宏願。《程傳》釋〈乾‧文言〉「君子體仁，足以長人」曰：

> 體法於乾之仁，乃爲君長之道，足以長人也。體仁，體元也。比而
> 效之，謂之體。（卷第一）

乾元有生生之德，此德即爲仁德。「君長」，在位者也。名爲「君長」，以其能「長人」也。「長人」之義，即爲養人，使之成長。「君長」應體天之道，以長養人命爲天命之所賦予，即郑文公之謂「命在養民」。養民爲人君應然之天命也。《程傳》於〈頤‧六二〉復申論之曰：

> 天子養天下，諸侯養一國，臣食君上之祿，民賴司牧之養，皆以上
> 養下，理之正也。（卷第二）

「以上養下」爲「理之正」；反之，以下養上爲理之不正矣。《程傳》釋〈頤‧六五〉卦辭「拂經」曰：

> 君者，養人者也，反賴人之養，是違拂於經常。（同前）

「經常」，常道也。五爲君位，然陰柔居君位，其才不足以養人。人君之責任在於養人，卻養於人，故程頤謂其違反常道。程頤甚重養民之義，《程傳》於〈剝‧象〉「上以厚下安宅」再申論之曰：

> 上，謂人君與居人上者，觀〈剝〉之象，而厚固其下，以安其居也。
> 下者，上之本，未有基本固而能剝者也；故上之剝必自下，下剝則
> 上危矣。爲人上者，知理之如是，則安養人民，以厚其本，乃所以
> 安其居也。《書》曰：「民惟邦本，本固邦寧。」（卷第三）

以本爲民而君爲末，正是孟子「民貴君輕」之義。程頤一再警示國君，唇亡齒寒之道理，諭在位者善養百姓，其意可謂深矣。而善養之道，必有其方，《程傳》釋〈泰‧象〉「天地交泰，后以財成天地之道，輔相天地之宜，以左右民。」

曰：

> 人君當體天地通泰之象，而以財成天地之道，輔相天地之宜，以左
> 右生民也。人君體之而爲法制，使民用天時、因地利，輔助化育之
> 功，成其豐美之利也。如春氣發生萬物，則爲播殖之法；秋氣成實
> 萬物，則爲收斂之法。乃輔相天地之宜，以左右輔助於民也。民之
> 生，必賴君上爲之法制，以教率輔翼之，乃得遂其生養，是左右之
> 也。（卷第二）

「財」，裁之通假。高亨注：「裁成，謂裁度以成之也。」〔註107〕程頤主張人
君應配合天時、地利，訂立法制，研究「播殖之法」、「收斂之法」，以輔助人
民順時耕作，「成其豐美之利」，以「遂其生養」。程頤養民之道重在制法輔民，
非憑空立說者也。以今日觀點視之，程頤即主張研究農業生產，農業管理，
以助農民耕作，獲致豐收。君主固無農耕之實作經驗與知識，研究與輔導必
賴朝廷有識之士爲之，適才適所，故君主之責，實即體天之道，以養民爲本；
具體作爲，乃在於任用賢才也。

（二）至誠任賢

安民爲仁，任賢爲知，見義而行爲勇：此孔子仁、知、勇之教也。荀子
「善顯設人」，亦即善用人才之意。治國任賢，爲儒學之一貫主張，天下未有
任惡而能治者；任賢而致亂者有矣，未有任惡而能治者也。任賢而治，乃革
天下之非，若其法未適時中，因而致亂，罪不在君，成敗在於天命；任惡而
治，小人當道，其非不去，其亂益深，人心離散，而致危亡，君之罪也。故
人君治國成敗，關鍵之首要在於任賢。《程傳》釋〈泰・六五〉「帝乙歸妹以
祉，元吉」曰：

> 六五以陰柔居君位，下應於九二剛明之賢。五能倚任其賢而順從之，
> 如帝乙之歸妹然。降其尊而順從於陽，則以之受祉，且元吉也。元
> 吉，太吉而盡善者也，謂成治泰之功也。（同前）

〈泰〉（䷊），《乾》下《坤》上，〈彖傳〉以爲「天地交而萬物通也，上下交
而其志同也」。〈彖傳〉以《乾》下於《坤》，爲天地交泰之象，故卦名「泰」。
於人事言之，君禮下於臣，上下交心，君臣同德，爲治安之象。於爻，程頤
以爲，六五陰柔之君下應於九二剛明之賢，是「降其尊而順從於陽」，故能「受

〔註107〕《周易大傳今注》頁148。

祉，且元吉也」。《程傳》於〈九二〉爻辭下曰：「二雖居臣位，主治泰者也。」
君之責在任賢，臣之責在治事；君臣各有所司，共成其功。《程傳》又申〈蒙·
六五〉「童蒙吉」曰：

> 五以柔順居君位，下應於二，以柔中之德，任剛明之才，足以治天
> 下之蒙，故吉也。童，取未發而資於人也。爲人君者，苟能至誠任
> 賢，以成其功，何異乎出於己也？（卷第一）

〈蒙〉（䷃），《坎》下《艮》上，〈序卦〉以爲「物之穉小」，《程傳》則以爲
「蒙昧未發」。〈六五〉爲人君之象，然陰柔，故爲蒙昧未發之時，如童蒙而
已；宜應以至誠之心，任〈九二〉爻剛明之賢臣，共治天下，如是則吉也。
臣之成功，皆由明君之任賢所致，故何異於君之成功？君臣一體，亦是體用
一源之道也。

（三）刑教並重

《論語》載：「子適衛，冉有僕。子曰：『庶矣哉！』冉有曰：『既庶矣，
又何加焉？』曰：『富之。』曰：『既富矣，何加焉？』曰：『教之。』」（〈子
路〉）孔門重教育，由是知之矣。古者教民耕作，欲其富庶。富庶之後，不
得無序，無序則亂，故又須教之。教之之道，欲其知禮義也。故子貢嘗問夫
子曰：「貧而無諂，富而無驕，何如？」子曰：「可也。未若貧而樂道、富而
好禮者也。」（〈學而〉）至於刑政，卻非夫子所樂道。夫子嘗曰：「道之以政，
齊之以刑，民免而無恥。道之以德，齊之以禮，有恥且格。」（〈爲政〉）以
法治國，其蔽在於百姓知法而不知德；以禮治國，則能使百姓有恥且格。相
較之下，禮治優於法治。故孔門之教，以禮教爲先，刑教爲輔。朱注：「政
者，爲治之具。刑者，輔治之法。」政者，正也；以正治國，即是以禮。荀
子重法，學者知之，遂啓日後韓非等法家思想。然其〈君道篇〉云：「法者，
治之端也。君子者，法之原也。故有君子，則法雖省，足以徧矣；無君子，
則法雖具，失先後之施，不能應事之變，足以亂矣。」（卷第八）即見荀子
亦重德治，以君子爲法。易言之，法訂於君子，非訂於小人也。程頤固重禮
教，本人亦以踐履盡易爲務，知行合一；然亦主刑法治國，故有「爲政之始，
立法居先」之說，而刑法亦具教化作用。《程傳》於〈蒙·初六〉爻辭「發
蒙，利用刑人；用說桎梏，以往吝」申其意曰：

> 發下民之蒙，當明刑禁以示之，使之知畏，然後從而教導之。自古
> 聖王爲治，設刑罰以齊其眾，明教化以善其俗。刑罰立而後教化行，

雖聖人尚德而不尚刑，未嘗偏廢也；故爲政之始，立法居先。治蒙
之初，威之以刑者，所以說去其昏蒙之桎梏。

桎梏，謂拘束也。不去其昏蒙之桎梏，則善教无由而入。既以刑禁
率之，雖使心未能喻，亦當畏威以從，不敢肆其昏蒙之欲，然後漸
能知善道，而革其非心，則可以移風易俗矣。苟專用刑以爲治，則
蒙雖畏，而終不能發。苟免而无恥，治化不可得而成也，故以往則
可吝。（同前）

程頤之意，以「刑禁」爲「發下民之蒙」之具。「下民」者，無知之民也。
〔註108〕未受教化，不知禮義，蒙昧未開之人，須以刑禁示之。示之之意，
非遽用刑也；不從，始用刑也，亦教導之意爾。以刑法爲教化之具，非以刑
人爲目的也。程頤亦不主張但用刑法者，但用刑法，教化難成，「苟免而无
恥」爾，與夫子之理念實同。故程頤以爻辭「以往吝」戒之，意謂不可一味
用刑也。此意，《程傳》釋〈習坎·象〉「水洊至，習坎；君子以常德行，習
教事。」再申之曰：

夫發政行教，必使民熟於聞聽，然後能從，故三令五申之。若驟告
未喻，遽責其從，雖嚴刑以驅之，不能也，故當如水之洊習。（卷第
三）

《程傳》釋〈蒙·初九·象〉「利用刑人，以正法也」時，嘗設「或疑」曰：
「發蒙之初，遽用刑人，无乃不教而誅乎？」程頤釋之曰：「不知立法制刑，
乃所以教也。」程頤之答，似尙未釋「不教而誅」之疑慮。此一疑慮，於〈習
坎·象〉可解。「三令五申」，「使民熟於聞聽」，則非不教而誅矣。

又《程傳》釋〈觀·象〉「風行地上，先王以省方觀民設教」曰：

風行地上，周及庶物，爲由歷周覽之象。故先王體之，爲省方之禮，
以觀民俗，而設政教也。

天子巡省四方，觀視民俗，設爲政教，如奢則約之以儉，儉則示之
以禮是也。省方，觀民也。設教，爲民觀也。（同前）

〈觀〉（䷓），《坤》下《巽》上，故有「風行地上」之象。風能「周及庶物」，

〔註108〕《程傳》釋〈觀·初六〉「小人无咎」曰：「小人，下民也；所見昏淺，不能
識君子之道。」以「小人」爲下民，而與君子對舉，以其「所見昏淺」、「不
能識」之用語知之，則有「無知」之意。故「下民」之義，以指百姓爲宜，
非指卑鄙無行之徒也。

故有「由歷周覽之象」。先王體察此象，故設巡視四方之禮，觀察各地民俗。又設政教，教化百姓。程頤釋「政教」之意，以為「如奢則約之以儉，儉則示之以禮是也。」此意嘗見於《論語》。〈八佾〉載：「林放問禮之本。子曰：『大哉問！禮，與其奢也，寧儉；喪，與其易也，寧戚。』」奢為過中，故以「儉」約束之；儉則不及，故以「禮」節度之。是以教化之作用，乃使百姓知禮義之所在，而行其中道也。

　　案：西周之世，禮不下庶人，刑不上大夫。東周以後，教育漸開，庶民經學習而得以為士，士而大夫，觀念漸改，故刑亦上大夫矣，然禮尚未下庶人也。禮下庶人，應為教育普及後之事，故程頤據〈象〉解意，未必盡合史實，亦各抒懷抱而已。而由是知之，程頤刑教並重，非有所偏於一端者。而刑教之目的，乃在於「治化」也。治化者，天下大治，人民開化。即〈大學〉曰：「止於至善。」

（四）用險保民

　　安民之道，養之、教之，亦須保之也。保民之道，程頤以為途徑有二，依山川之險，設為城郭溝池；依人欲之險，設為禮儀制度。《程傳》於〈習坎·象〉「天險，不可升也；地險，山川丘陵也。王公設險以守其國，險之時用大矣哉」申之曰：

> 高不可升者，天之險也。山川丘陵，地之險也。王公，君人者，觀〈坎〉之象，知險之不可陵也，故設為城郭溝池之險，以守其國，保其民人。是有用險之時，其用甚大，故贊其「大矣哉」。

> 山河城池，設險之大端也。若夫尊卑之辨，貴賤之分，明等威，異物采，凡所以杜絕陵僭，限隔上下者，皆體險之用也。（同前）

〈習坎〉（䷜），上下皆《坎》，為重險之象。程頤所謂「用險」之意，乃在於利用山川自然之險要處，「設為城郭溝池，以守其國，保其民人」。此為保民之常識，固不待言。程頤又以「尊卑之辨，貴賤之分，明等威，異物采」，作為「皆體險之用也」，則尤值得注意。「險」在何也？愚意以為，險在人欲也，即荀子所謂「順是」之意。人欲無窮，順是發展，必至災亂，故須設為禮儀制度。「杜絕陵僭，限隔上下」，君臣正位凝命，不傷財，不害民，則民安矣。設為城郭溝池，對外者也；設為禮儀制度，對內者也。內外設防，可謂周全矣。

　　又：「尊卑之辨，貴賤之分」，為禮制之一大特色。《程傳》於〈履·象〉

「上天下澤，履；君子以辯上下，定民志」申之曰：

> 天在上，澤居下，上下之正理也。人之所履當如是，故取其象而為
> 履。君子觀〈履〉之象，以辨別上下之分，以定其民志。夫上下之
> 分明，而後民志有定。民志定，然後可以言治；民志不定，天下不
> 可得而治也。

> 古之時，公卿大夫而下，位各稱其德，終身居之，得其分也。位未
> 稱德，則君舉而進之。士修其學，學至而君求之，皆非有預於己也。
> 農工商賈勤其事，而所享有限，故皆有定志，而天下之心可一。

> 後世自庶士至于公卿，日志于尊榮；農工商賈，日志于富侈。億兆
> 之心，交鶩於利，天下紛然，如之何其可一也？欲其不亂，難矣。
> 此由上下无定志也。君子觀〈履〉之象，而分辯上下，使各當其分，
> 以定民之心志也。（卷第一）

〈履〉（䷉），《兌》下《乾》上。所謂「天在上，澤居下」也。天象君，澤
象民，君在民上，澤及百姓也。「正理」者，自然之理如此，故為「正」也。
觀君民上下之義，〈象傳〉論「君子以辯上下，定民志」。辯，辨之通假，即
分辨也。程頤以為，唯「上下之分明，而後民志有定。民志定，然後可以言
治；民志不定，天下不可得而治也。」觀程頤之意，言德位相稱，明職分相
需相求之理，乃申孔子「正名」之大義。職分不明，其亂之始。高亨以為，
君上民下，「表現為封建社會之禮，即階級制度與等級制度」，〔註109〕其論頗
偏。上下之序，置諸今日民主政制亦皆以為然也。禮乃人類行為之一種模式，
非封建社會所獨有。就當日社會言之，固為君上民下；就今日民主政制言之，
亦有上下之序。人民為國家之主人，總統、首相等由人民所選者，代行國是
而已，〔註110〕其序為民上君下。然就國家體制言，總統、首相等皆為首長之
職，何嘗無君上民下之理？君者，在位執事之人；民者，其統御之部屬。如
無此上下之序，各司其職，政府又如何運作？多統於寡，眾統於一，自然之
理如是也。帝制時代亦以養民保民為首務，況今日民主政制，人民既為國家
之主人，在位者更不能忽視養民保民之道也。

深究程頤之意，所謂君子辨上下者，乃針對「公卿大夫」而言，謂其應
辨上下之職分也。唯其上下之職分明，各守其責，政府之內始能運作有序。

〔註109〕《周易大傳今注》頁 141。
〔註110〕選舉制度有直接與間接二制，其基本理念亦為民主者，故併言之。

政府運作有序，則民志可定，農工商賈始能各勤其事，雖所享有限，亦能安和樂利，社會穩定。一國如是則一國治，天下如是則天下治也。至於「庶士」，學者貴在讀經窮理，明體達用。倘有預設求名利之心，則其學不純矣。程頤釋〈蒙·象〉「匪我求童蒙，童蒙求我，志應也」曰：

> 二以剛明之賢處於下，五以童蒙居上，非是二求於五，蓋五之志應
> 於二也。賢者在下，豈可自進以求於君？苟自求之，必无能信用之
> 理。古之人，所以必待人君致敬盡禮而後往者，非欲自爲尊大，蓋
> 其尊德樂道；不如是，不足與有爲也。（同前）

庶士之分，乃讀經明理，待上之用。用，則與上共同有所作爲；不用，則尊德樂道，非求用也。「士修其學，學至而君求之，皆非有預於己也」，即是此意。庶士定志求道，公卿謹守職分，則天下定矣。天下志定，淫亂不生，亦保民之一方也。然程頤慨嘆曰：「後世自庶士至于公卿，日志于尊榮；農工商賈，日志于富侈」，「億兆之心，交鶩於利」，致令「天下紛然」，「欲其不亂，難矣」！今日民主社會，人人以理財爲務，正如程頤之嘆。政府無定策，人民無定志。後之視今，亦由今之視昔，悲夫！

二、君臣之義

孔子師徒論君臣之義，見於《論語》者，如：

> 周公謂魯公曰：「君子不施其親，不使大臣怨乎不以。故舊無大故，
> 則不棄也。無求備於一人。」（〈微子〉）

> 齊景公問政於孔子，孔子對曰：「君君、臣臣、父父、子子。」（〈顏
> 淵〉）

> 孔子曰：「侍於君子有三愆：言未及之而言，謂之躁；言及之而不言，
> 謂之隱；未見顏色而言，謂之瞽。」（〈季氏〉）

> 子路問事君。子曰：「勿欺也，而犯之。」（〈憲問〉）

> 孔子又曰：「事君，敬其事而後其食。」（〈衛靈公〉）

> 子游曰：「事君數，斯辱矣；朋友數，斯疏矣。」（〈里仁〉）

> 子路遇荷蓧丈人，曰：「不仕無義。長幼之節，不可廢也；君臣之義，
> 如之何其廢之？欲潔其身，而亂大倫。君子之仕也，行其義也。道
> 之不行，已知之矣。」（〈微子〉）

「不施其親」，謂以至公之心行政，不偏於親人。君有至公之心，則大臣不怨。「君君、臣臣」，各盡其職分，政府體制不亂。臣侍君，須觀言察色，急則躁，躁則受辱。子游之言數，猶孔子之言躁也。侍上不隱，直也；可以犯君，不可以欺君也。事君，忠而已矣，故敬而後食。荷蓧丈人，隱者也。大道廢，有隱者；大道行，選賢與能，講信修睦。孔子之世，大道已隱，子路已知，然君臣之義，仍不能廢。「不仕無義」，謂臣也，有德者也，故能不仕無義。有德者為君子，故君子之仕也，行其義也。義，為君子仕之基本條件，亦為必要條件。《論語》載論君臣之道，大抵如是。至於修己以安百姓，堯、舜其猶病諸，可遇而不可求也。

《孟子》書之論治國，以王道勉。而君臣對待之義，則以齊宣王問孟子為卿之道最為警語。茲錄如下：

> 齊宣王問卿。孟子曰：「王何卿之問也？」王曰：「卿不同乎？」曰：「不同。有貴戚之卿，有異姓之卿。」王曰：「請問貴戚之卿？」曰：「君有大過則諫，反覆之而不聽，則易位。」王勃然變乎色。曰：「王勿異也。王問臣，臣不敢不以正對。」王色定，然後請問異姓之卿。曰：「君有過則諫，反覆之而不聽，則去。」（〈萬章下〉）

周代同姓分封，各安其位。孔子之後，教育普及庶民，學而優則仕，故卿大夫遂有同姓異姓之分。由孟子之答，知孟子之意，人君無道，反覆諫之不聽，同姓之卿即可取而代之；而異姓之臣，則棄之而去可也。孟子直言回答齊宣王之問，即孔子所謂「犯之」之義。所謂「大過」，君不君也。荀子有〈君道〉、〈臣道〉二篇，強調君道重德，以愛民、利民為務；臣道盡忠，以功臣、聖臣為勸。先秦儒者論君臣之道，可謂多矣，而猶未盡也，故程頤述焉。今以君道、臣道與君臣對待之義三者分別論之如下。

（一）君道

為君之道，程頤亦以王者勉。董仲舒曰：「王者，民之所往。君者，不失其群者也。故能使萬民往之，而得天下之群者，無敵於天下。」〔註111〕首揭王者之旨，始於孟子。其時諸侯好稱王，僭越既甚，已成風氣。孟子因勢利導，以王道說諸侯。嘗曰：「以善服人者，未有能服人者也。以善養人，然後能服天下。天下不心服而王者，未之有也。」（〈離婁下〉）「以善服人」，為「立

〔註111〕語見蘇輿《春秋繁露義證》卷第五，〈滅國上第七〉，頁 133。北京：中華書局，2007 年。

己」之事；「以善養人」，是「立人」之事。此即孔子立己立人之意也。而人君之治道，首重養民；不能養民，德何以立？故孟子謂梁惠王曰：「五畝之宅，樹以之桑，五十者可以衣帛矣。雞豚狗彘之畜，無失其時，七十者可以食肉矣。百畝之田，勿奪其時，八口之家可以無飢矣。謹庠序之教，申之以孝悌之義，頒白者不負戴於道路矣。老者衣帛食肉，黎民不飢不寒，然而不王者，未之有也。」（〈梁惠王上〉）治民之道，先養後教，與孔子富之教之之義，若合符節。《易》卦六十四，卦之第五爻多以君象，故君道常寓於第五爻中。《程傳》釋〈觀‧九五〉「觀我生，君子无咎」曰：

> 九五居人君之位，時之治亂，俗之美惡，繫乎己而已。觀己之生，若天下之俗，皆君子矣，則是己之所爲政化善也，乃无咎矣。若天下之俗，未合君子之道，則是己之所爲政治未善，不能免於咎也。（卷第三）

國家治亂繫於一人，故一人之聽視言動，豈能不愼哉？茲依卦序之先後，分養民、盡比道之善、居柔用剛、修身齊家五事，以概見《程傳》之論君道。

1. 養民

〈乾‧彖〉嘗贊乾元生生之大德，《程傳》於此即點出王者體天養民之旨。其言曰：

> 天爲萬物之祖，王爲萬邦之宗。乾道首出庶物而萬彙亨，君道尊臨天位而四海從；王者體天之道，則萬國咸寧也。（卷第一）

「體天之道」，生民養民爲首，乃人君之大責，否則萬國何以「咸寧」？天子何以能爲「萬邦之宗」？又於〈无妄‧象〉「天下雷行，物與无妄；先王以茂對時，育萬物」下，《程傳》發揮之曰：

> 先王觀天下雷行，發生賦與之象，而以茂對天時，養育萬物，使各得其宜，如天與之无妄也。茂，盛也。茂對之爲言，猶盛行永言之比。對時，謂順合天時。天道生萬物，各正其性命而不妄。王者體天之道，養育人民，以至昆蟲草木，使各得其宜，乃對時育物之道也。（卷第三）

「茂，盛也。」謂以最佳之法制，順時而作，使萬物茂盛也，使萬物生生不息也，使萬物各得其所也。「雷行」爲春發之象。春雷驚蟄，萬物復甦，「王者」應體察天意，觀「雷行」之象，一怒而安天下，澤遍海內，使萬物各得其性命之正。體用一源，爲程頤之道學主張。乾元生生之義爲體，養民而至

於昆蟲草木，對時育物，則爲王者道用之實踐。誠如是，方稱天人合德也。

2. 盡比道之善

依卦序之次，第八爲〈比〉。程頤釋〈比〉曰：

> 比，親輔也。人之類，必相親輔，然後能安；故既有眾，則必有所比，〈比〉所以次〈師〉也。（卷第一）

人類以親輔爲安，乃自然之理。然必先親而後輔，未有不親而輔者也。《坎》爲水；《坤》爲地。水流地中，接合無間，故爲親比之象。程頤藉此象論人君能「盡比道之善」。《程傳》釋〈比‧九五〉爻辭「顯比，王用三驅，失前禽，邑人不誡，吉」曰：

> 五居君位，處中得正，盡比道之善者也。人君比天下之道，當顯明其比道而已。如誠意以待物，恕己以及人；發政施仁，使天下蒙其惠澤，是人君親比天下之道也。如是，天下孰不親比於上？若乃暴其小仁，違道干譽，欲以求下之比，其道亦已狹矣，其能得天下之比乎？故聖人以九五盡比道之正，取三驅爲喻，曰：「王用三驅，失前禽，邑人不誡，吉。」（同前）

「三驅」之義，程頤解釋曰：

> 先王以四時之畋不可廢也，故推其仁心，爲三驅之禮。乃禮，所謂天子不合圍也。成湯祝網，是其義也。天子之畋，圍合其三面，前開一路，使之可去，不忍盡物，好生之仁也。止取其不用命者，不出而反入者也。禽獸前去者皆免矣，故曰「前失禽」也。（同前）

又曰：

> 王者顯明其比道，天下自然來比。來者撫之，固不煦煦然求比於物，若田之三驅，禽之去者，從而不追，來者則取之也。此王道之大，所以其民皞皞，而莫知爲之者也。（同前）

古有「三驅」之禮，乃先王「推其仁心」之體現，於畋獵之道如是。至於治道，則是「來者撫之」，如「誠意以待物，恕己以及人」，「發政施仁，使天下蒙其惠澤」，「是人君親比天下之道也」。能行此「親比」之道，就是王者「處中得正」，居人君之位而能親比天下，是盡比道之善者也。若是「暴其小仁，違道干譽」，「求下之比」，不及百姓，只是私欲，非至公之比，故其比道狹矣。

3. 居柔用剛

卦序三十爲〈離〉。〈序卦〉：「坎者，陷也。陷必有所麗，故受之以〈離〉。

離者，麗也。」《程傳》釋之曰：

> 陷於險難之中，則必有所附麗，理自然也，〈離〉所以次〈坎〉也。
>
> （卷第三）

程頤釋卦序之義理，以離爲「附麗」之意。人於險難之中，必有所附於他人以求脫險，乃人性自然之現象。脫險則安矣，故附麗有「明」象。《程傳》又曰：

> 離，麗也、明也。取其陰麗於上下之陽，則爲附麗之義；取其中虛，則爲明義。離爲火，火體虛，麗於物而明者也。又爲日，亦以虛明之象。（同前）

〈離〉（☲），上下經卦皆《離》，經卦中爻爲陰，陰附陽，於傳統之觀念爲正理，其附麗於上下之陽爻，能得其所，故爲陰之明也。陰爻中斷，故中虛，取其謙虛之義，則明理者也。《離》又象火，火體虛而不實，卻爲光明之體。《離》又象日，亦虛明之象。綜而言之，《離》有虛與明之象。〈離‧象〉曰：「明兩作離，大人以繼明照于四方。」《程傳》釋之曰：

> 大人，以德言則聖人，以位言則王者。大人觀離明相繼之象，以世繼其明德，照臨于四方。大凡以明相繼，皆繼明也。舉其大者，故以世襲繼照言之。（同前）

〈離〉爲二《離》重疊，故〈象〉云「兩作」。「兩作」爲「相繼」之象，故有「明德」相繼之義，喻王者應繼其明德也。〈大學〉曰：「大學之道，在明明德。」故王者觀其卦象，取其卦義，繼其明德，使其德照臨四方，則可以「親民，可以止於至善」矣。何謂「明德」？《程傳》釋〈離‧九五〉爻辭「出涕沱若，戚嗟若，吉」曰：

> 六五，居尊位而守中，有文明之德，可謂善矣。然以柔居上，在下无助，獨附麗於剛強之間，危懼之勢也。唯其明也，故能畏懼之深，至於出涕；憂慮之深，至於戚嗟，所以能保其吉也。出涕、戚嗟，極言其憂懼之深耳，時當然也。居尊位而文明，知憂畏如此，故得吉。若自恃其文明之德，與所麗中正，泰然不懼，則安能保其吉也？
>
> （同前）

〈離〉之第五爻爲陰，陰居尊位而得中，有文明之德，即虛與明也，固善。然第二爻亦爲陰，與五無應，故無助五之德，只能附麗於陽爾。應深知戒愼恐懼，不宜自恃也。自恃而驕，難保其吉；謙虛自處，方能保其吉也。

《程傳》釋〈離・上九〉爻辭「王用出征，有嘉」曰：

> 九以陽居上，在離之終，剛明之極者也。明則能照，剛則能斷。能
> 照，足以察邪惡；能斷，足以行威刑，故王者宜用。如是剛明，以
> 辨天下之邪惡，而行其征伐，則有嘉美之功也。征伐，用刑之大者。
> （同前）

〈離〉上爻爲陽。陽爲剛明之才，處於一卦之終，故有「剛明之極」之象。
明則能遠察四方之邪惡，剛則能行征討之大事，故王者宜用也。然上九非臣
位，故非用剛明之臣，而只取其義，用其剛明之德。《程傳》釋〈離・上九・
象〉「王用出征，以正邦也」曰：

> 王者用此上九之德，明照而剛斷，以察除天下之惡，所以正治其邦
> 國。剛明，居上之道也。（同前）

正治邦國，固需剛明之才。然六五爲陰柔之質，獨缺剛明，又如何「用此上
九之德」也？上爻非臣位，不能用剛明之臣釋之，故取其德義。然陰柔與剛
明之材質，一身不能兩兼，其義理遂生扞格。程頤牽於爻辭、象辭之說，曲
爲之解。所謂《易》隨時取義之道，由此可見一斑。觀其「剛明，居上之道
也」一語，乃知程頤勉柔弱之君之辭爾。

4. 修身以齊家

〈家人〉（☲），於卦序爲三十七。《程傳》釋其義曰：

> 家人者，家內之道。父子之親，夫婦之義，尊卑長幼之序。正倫理，
> 篤恩義，家人之道也。（卷第四）

又曰：

> 卦外《巽》內《離》，爲風自火出。火熾，則風生自火，自內而出也。
> 自內而出，由家而及於外之象也。（同前）

〈家人〉，《離》下《巽》上。《離》在內，爲火；《巽》在上，爲風。其象爲
「風自火出」，由內而外也。古語有謂：「星星之火，可以燎原。」乘風之故
也。〈家人〉既有此象，復有此義，故九五之尊，能不愼乎？《程傳》釋〈家
人・九五〉「王假有家，勿恤，吉」曰：

> 王假有家：五，君位，故以王言。假，至也，極乎有家之道也。夫
> 王者之道，修身以齊家，家正則天下治矣。自古聖王，未有不以恭
> 己正家爲本，故有家之道既至，則不憂勞而天下治矣，勿恤而吉也。
> 五恭己於外，二正家於內，內外同德，可謂至矣。（同前）

以九五之尊，如能修身以齊家，則家道正矣。王者本應如是，家道正則天下治也。「恭己於外」，臣民服矣；內應六二之美，家道與治道同德也。程頤於此卦發揮孔子「修己以敬」與〈大學〉修齊治平之旨，以爲王者應如是，既對人君言，亦對臣民言。對人君言爲勉，對臣民言爲教。教育普及，臣民知治道義理之所在，則爲人君者能不慎乎？一言可以喪邦，人君能無戒懼乎？於君主威權時代，能有是言，直陳不諱，孔孟之風，實賴程頤而傳也。

程頤以王者之道勉人君，於〈萃〉卦總其成。《程傳》釋〈萃〉卦辭「王假有廟」曰：

> 王者萃聚天下之道，至於有廟，極也。群生至眾也，而可一其歸仰；
> 人心莫知其鄉也，而能致其誠敬；鬼神之不可度也，而能致其來格
> 天下。萃合人心，總攝眾志之道非一，其至大莫過於宗廟；故王者
> 萃天下之道，至於有廟，則萃道之至也。（卷第五）

〈萃〉卦之旨，在於萃聚天下，統一諸侯，至於立國建廟。故云「有廟」，爲萃道之極也。萃是比之結果，比乃萃之方法，而論其德則實同，所謂「元永貞」也。《程傳》釋〈萃・九五〉爻辭「元永貞」曰：

> 元永貞者，君之德，民所歸也；故比天下之道，與萃天下之道，皆
> 在此三者。王者之志，必欲誠信著於天下，有感必通，含生之類，
> 莫不懷歸。（同前）

「元」，謂乾元，乾元有生生之德，所以養民也。而「永」者，恆也；「貞」者，正也。以永恆貞正之道養其人民，則無所不服。此所以爲王者之大道，不易之義理也。《程傳》復於〈萃・九五〉爻辭下勉人君曰：

> 王者既有其位，又有其德，中正无過咎，而天下尚有未信服歸附者，
> 蓋其道未光大也，元永貞之道未至也，在脩德以來之；如苗民逆命，
> 帝乃誕敷文德。舜德非不至也，蓋有遠近昏明之異，故其歸有先後；
> 既有未歸，則當脩德也。所謂德，元永貞之道也。（同前）

「苗民逆命」，乃舜帝之故事，載於《尙書・舜典》。舜攝政時，嘗逐三苗於三危（今敦煌），《書》謂其愼用刑典，處事得當，未聞「脩德」之事。程頤以「脩德」勉，乃勉人君脩「元永貞之道」，其義可謂深矣。

（二）臣道

臣有廣狹二義：舊所謂「溥天之下，莫非王土；率土之濱，莫非王臣」，

〔註 112〕則天下之人皆臣也，此爲廣義之臣；狹義之臣，乃任公職，受朝廷俸祿者。臣義既二，其道亦別。廣義之臣，茲僅就尚未在位之士君子言，此程頤之意也。《程傳》於〈蒙·象〉下曰：

> 賢者在下，豈可自進以求於君？苟自求之，必无能信用之理。古之人，所以必待人君致敬盡禮而後往者，非欲自爲尊大，蓋其尊德樂道；不如是，不足與有爲也。（卷第一）

賢者非爲貧而仕，非爲祿而仕也，故不宜自求於君，希其進用。子路之所謂「不仕無義」也。自求而進，雖非無義，然難有所作爲也，亦是無意義之事。人君倘能「尊德樂道」，「致敬盡禮」，善盡比之道，始可往而事之，否則「不足與有爲也」。程頤於〈比·六二·象〉「比之自內，不自失也。」再申之曰：

> 守己中正之道，以待上之求，乃不自失也。《易》之爲戒嚴密，二雖中正，質柔體順，故有貞吉、自失之戒。
>
> 戒之自守，以待上之求，无乃涉後凶乎？曰：「士之脩己，乃求上之道；降志辱身，非自重之道也。故伊尹、武侯救天下之心非不切，必待禮至，然後出也。」（卷第一）

程頤諭賢者自重之理，應先修己，守中正之道以自重。自重則不自失，吉之道也。往求於外，必降志辱身，非自重之道。程頤以伊尹、諸葛亮爲例，申明二人雖有救天下之心，亦必待人君以禮相請，始可以共天下之大事。程頤十八歲時，曾上書仁宗以期大用，惟未獲賞識。晚年卻明守道待求之理，非有人生之體驗，不至如此。孔子嘗周遊列國，栖栖惶惶，嘗自謂如喪家之犬，其自失歟？聖人亦有自失之時，前車之鑑，程頤蓋有感而發焉。

未進之士君子應如是，已進之士君子又當如何？程頤抉發其義理如下：

1. 克盡勞臣之職

《程傳》釋〈坤〉卦辭「先迷後得，主利」曰：

> 陰，從陽者也，待唱而和。陰而先陽，則爲迷錯；居後，乃得其常也。
>
> 主利：利萬物則主於坤；生成，皆地之功也。臣道亦然。君令臣行，勞於事者，臣之職也。（卷第一）

〈乾〉爲陽，象君；〈坤〉爲陰，象臣。乾先坤後，乃天道之常理。陰從陽，

〔註 112〕《詩經正義》卷第十三之一，《小雅·谷風之什·北山》，頁 444 上。（《十三經注疏》）

故必待陽先唱而陰後和也。陰先則奪陽之功，主客易位，則迷失而犯錯矣。於君臣之道言之，君先臣後，君勞臣亦勞也。克盡勞臣之職，乃其本分。此為易道對待之理，乾健坤亦健也；坤而不健，何以配乾？於君為自強不息，於臣為勞而不怨。〈象〉曰：「坤厚載物，德合无疆。」此之謂也。

2. 含晦其章美

《程傳》釋〈坤·六三〉「含章可貞。或從王事，无成有終」曰：

> 三，居下之上，得位者也。為臣之道，當含晦其章美，有善則歸之
> 於君，乃可常而得正。上无忌惡之心，下得柔順之道也。可貞，謂
> 可貞固守之，又可以常久而无悔咎也。或從上之事，不敢當其成功，
> 唯奉事以守其終耳。守職以終其事，臣之道也。（同前）

卦之六爻，初、二為地道，三、四為人道，五、上為天道。三已離地道，居下卦之上，象徵位居民上，管治百姓矣，故為得位之臣也。臣道「當含晦其章美，有善則歸之於君」，功成不居之義也。功成而居，人君如生「忌惡」，則必有悔咎之禍。故為臣之道，宜以柔順從上之事，唯守職以盡，務必完成責任而已。不居其功，如此，方可「常久而无悔咎也」。程頤又於〈隨·九四〉爻辭「隨有獲，貞凶」申之曰：

> 九四以陽剛之才，處臣位之極，若於隨有獲，則雖正亦凶。有獲，
> 謂得天下之心隨於己。為臣之道，當使恩威一出於上，眾心皆隨於
> 君：若人心從己，危疑之道也，故凶。（卷第二）

三、四為臣位，四尤近君，大臣之位也。「有獲」，程頤釋之為「得天下之心隨於己」，則臣雖正而亦有凶矣，招人君之「忌惡」也。故程頤一再戒之，謂為人臣者，「當使恩威一出於上」，使「眾心皆隨於君」，莫隨於己，明哲保身，亦含晦其章美之意也。

3. 求賢自輔

任賢之事，非唯人君之責，公卿大臣亦有求賢自輔之道也。《程傳》於〈屯·六四〉爻辭「乘馬班如，求婚媾。往吉，无不利」申之曰：

> 六四以柔順居近君之位，得於上者也。而其才不能以濟屯，故欲進
> 而復止，乘馬班如也。己既不足以濟時之屯，若能求賢以自輔，則
> 可濟矣。初，陽剛之賢，乃是正應己之婚媾也。若求此陽剛之婚媾，
> 往與共輔陽剛中正之君，濟時之屯，則吉而无所不利也。居公卿之
> 位，己之才雖不足以濟時之屯，若能求在下之賢，親而用之，何所

不濟哉？（卷第一）

〈屯〉（䷂），《震》下《坎》上。四爲近君之位，象徵公卿。然以陰爻居之，故程頤以爲「其才不能以濟屯」。〈屯〉之爲卦，於時，爲屯難之世。屯難者，《程傳》曰：「天下未亨泰之時也。」「乘馬班如」，《程傳》：「乘馬，欲行也。欲從正應，而復班如，不能進也。班，分布之義。下馬爲班，與馬異處也。」程頤釋「乘馬班如」之意，是否本義，姑且不論。依程頤之意，近君之公卿大臣，其才不能勝任，欲行又止，無法濟屯；故於此時，宜應「求賢以自輔」，則可以濟矣。〈六四〉陰柔，與〈初九〉爻應，〈初九〉爲陽剛正位，象徵〈六四〉之陰柔「能求在下之賢，親而用之」。故任賢之事，非獨君上之責，公卿乃近君之大臣，理應輔助，而任賢之事亦責無旁貸也。

〈臨〉（䷒）卦第四爻亦有以陰柔臨近人君之象，而下與〈初九〉相應，其爻辭曰：「至臨，无咎。」《程傳》復申之曰：

> 四居正位，而下應於剛陽之初，處近君之位，守正而任賢，以親臨於下，是以无咎，所處當也。（卷第三）

爻辭「至臨」之義，程頤釋爲「親臨於下」，即禮賢下士之意。己之才質雖無能焉，苟能「守正而任賢」，亦能「无咎」也。任賢之義，雖無赫赫之功，亦可以自保，亦爲人臣之道也。

4. 上畜君欲，下止人惡

畜君欲之論見於〈小畜〉。《程傳》釋其卦名曰：

> 畜，止也，止則聚矣。爲卦《巽》上《乾》下。乾，在上之物，乃居巽下。夫畜止剛健，莫如巽順，爲巽所畜，故爲畜也。然巽，陰也，其體巽順，唯能以巽順柔其剛健，非能力止之也。畜道之小者也。（卷第一）

《乾》爲君，象剛健，在下；《巽》爲風，象陰柔，在上。居上位，故有畜下之意。然君道剛健，不宜力止，只能施以柔順之道，其畜道小，故卦名〈小畜〉也。《程傳》釋〈小畜·六四〉爻辭「有孚，血去惕出，无咎。」曰：

> 四於畜時，處近君之位，畜君者也。若內有孚誠，則五志信之，從其畜也。卦獨一陰，畜眾陽者也。諸陽之志係于四，四苟欲以力畜之，則一柔敵眾剛，必見傷害。唯盡其孚誠以應之，則可以感之矣；故其傷害遠見，其危懼免也。如此，則可以无咎；不然，則不免乎害矣。此以柔畜剛之道也。以人君之威嚴，而微細之臣，有能畜止

其欲者，蓋有孚信以感之也。（同前）

〈小畜〉（䷈）為一陰五陽之卦，陰居四之正位，諸爻皆陽，故謂一柔而敵眾剛也。一柔難敵眾剛，力敵必傷，唯以「孚誠」待之，始能從其畜。至於畜止人君，亦唯以「孚信」感動其心，得其信任。君之過，必由欲起。人君應以至公之心治國，有欲則私，故畜止人君之私欲，務使歸於公心，當為人臣之職責也。《程傳》又於〈大畜・六四〉爻辭「童牛之牿，元吉」下申之曰：

> 概論畜道，則四艮體，居上位而得正，是以正德居大臣之位，當畜之任者也。大臣之任，上畜止人君之邪心，下畜止天下之惡人。人之惡，止於初則易，既盛而後禁，則扞格而難勝。故上之惡既甚，則雖聖人救之，不能免違拂；下之惡既甚，則雖聖人治之，不能免刑戮。莫若止之於初，如童牛而加牿，則元吉也。牛之性，觝觸以角，故牿以制之。若童犢始角，而加之以牿，使觝觸之性不發，則易而无傷矣；況六四能畜止上下之惡於未發之前，則大善之吉也。
>
> （同前）

人君倘擴張其欲，即為邪心，大臣之職分，當畜止之也。大臣之職分，非但要畜止人君之邪心，復應畜止天下之惡人，使歸於正。程頤建議，畜止之道，當於其初。初者，欲之始萌也。如牛角之始生，加牿以制之，使其野性不發；發亦無所用其角矣，大善之吉也。如未制之於初，其惡日甚，則聖人亦難免治之以刑戮矣。防微杜漸之意也。

（三）君臣對待之義

君臣之對待，亦有其義理。明君能臣，莫不以治道為念。明君有所需，而能臣有所待也。《程傳》釋〈困・九二〉「困于酒食」曰：

> 君子之所欲者，澤天下之民，濟天下之困也。二未得遂其欲，施其惠，故為困於酒食也。大人、君子，懷其道而困於下，必得有道之君，求而用之，然後能施其所蘊。（卷第五）

〈困〉䷮，九二困於上下二陰之間，九二與九五又不相應，故君子有困象。君求治，臣求用，相需相待，相合則治道通，相睽則治道塞矣。君子有困，故只好終日酒食自娛，隱居不出。《程傳》於〈坤・六四文言〉「天地變化，草木蕃。天地閉，賢人隱」又申之曰：

> 四居上，近君，而无相得之義，故為隔絕之象。天地交感，則變化萬物，草木蕃盛，君臣相際而道亨。天地閉隔，則萬物不遂，君臣

道絕，賢者隱遯。（卷第一）

〈坤〉為純陰之體。五為君位，四為臣位。惟二陰不能相契，故程頤謂「无相得之義」，「為隔絕之象」。君臣隔絕，則賢人隱遯矣。觀天地之象，天地交感，草木方能繁衍，生生不息；天地閉隔，則草木不生，萬物不遂。用於人事，君臣相會，則治道亨通，可致太平；君臣道絕，賢人隱去，天下國家之治亂與否可知之矣。《程傳》於〈井・九三〉卦辭「可用汲，王明，並受其福。」又曰：

> 三之才足以濟用，如井之清潔，可用汲而食也。若上有明王，則當用之而得其效。賢才見用，則己得行其道，君得享其功，下得被其澤，上下並受其福也。（卷第五）

爻之設位，四近君，為大臣，如公卿之屬；三遠君，亦為人臣之位。〈井・九三〉為得陽剛之位，雖剛而不中，不得位，亦為賢才之意。若上有明王，拔以不次，則賢才得行其道矣。人君既能享其功勞，下民亦能「被其澤」也。上下皆受賢才之福蔭，則明王豈有不用之理？故程頤論君臣對待之義，必須：

1. 以誠相待

「誠」為〈中庸〉之義理，周敦頤藉《易》闡發其誠之大義，以為「聖人之本」。[註113] 程頤又於〈咸・象〉發揮之曰：

> 天地二氣交感，而化生萬物；聖人至誠，以感億兆之心，而天下和平。天下之心所以和平，由聖人感之也。觀天地交感化生萬物之理，與聖人感人心致和平之道，則天地萬物之情可見矣。感通之理，知道者，默而觀之可也。（卷第四）

「感通之理」，在於「至誠」。觀天地陰陽二氣交感之象，能化生萬物；其交感之道，即為「至誠」也。《程傳》釋〈中孚・九二〉「鳴鶴在陰，其子和之」曰：

> 至誠，无遠近幽深之間，故〈繫辭〉曰：「善，則千里之外應之；不善，則千里違之。」言誠通也。至誠感通之理，知道者，為能識之。
> （卷第六）

鶴，禽類也。禽類亦能以至誠相感，千里應和，又何況人之類哉？用於人事，君臣之交，亦唯至誠而已。《程傳》於〈習坎・九四・象〉下曰：

> 君臣之交，能固而常者，在誠實而已。剛柔，指四與五，謂君臣之

[註113]《周敦頤集》卷二，《通書》「誠上第一」，頁 13。

交際也。（卷第三）

〈習坎〉（☵），六四為陰，屬柔；九五為陽，屬剛，故為剛柔交際之象。於人事言之，則為君臣交際也。君臣交際之道，在於誠實而已。誠實之交，則常久而永固；君臣永固，而治道亨矣，太平之治，尚能遠哉？君以至誠待臣，臣以至誠待君之論，於《程傳》中比比皆是，茲擇二、三以見之：

（1）君待臣

〈困·九五〉：「……利用祭祀。」

《程傳》：「利用祭祀：祭祀之事，必致其誠敬，而後受福。人君在困時，宜念天下之困，求天下之賢，若祭祀然。致其誠敬，則能致天下之賢，濟天下之困矣。」（卷第五）

〈豐·六五〉：「來章，有慶譽，吉。」

《程傳》：「五以陰柔之才，為豐之主，固不能成其豐大；若能來致在下章美之才而用之，則有福慶，復得美譽，所謂吉也。六二，文明中正，章美之才也。為五者，誠能致之，在位而委任之，可以致豐大之慶，名譽之美，故吉也。章美之才，主二而言。然初與三、四，皆陽剛之才，五能用賢，則彙征矣。」（卷第六）

〈中孚·象〉：「說而巽，孚乃化邦也。」

《程傳》：「以二體言卦之用也。上《巽》下《兌》，為上至誠以順巽於下，下有孚以說從其上。如是，其孚乃能化於邦國也。若人不說從，或違拂事理，豈能化天下乎？」（同前）

（2）臣待君

〈小畜·六四〉：「有孚，血去惕出，无咎。」

《程傳》：「四於畜時，處近君之位，畜君者也。若內有孚誠，則五志信之，從其畜也。卦獨一陰，畜眾陽者也。諸陽之志係于四，四苟欲以力畜之，則一柔敵眾剛，必見傷害。唯盡其孚誠以應之，則可以感之矣；故其傷害遠見，其危懼免也。如此，則可以无咎；不然，則不免乎害矣。此以柔畜剛之道也。以人君之威嚴，而微細之臣，有能畜止其欲者，蓋有孚信以感之也。」（卷第一）

〈豐‧六二〉：「豐其蔀，日中見斗，往得疑疾，有孚發若，吉。」

《程傳》：「夫君子之事上也，不得其心，則盡其至誠，以感發其志
意而已。苟誠意能動，則雖昏蒙可開也，雖柔弱可輔也，
雖不正可正也。古人之事庸君常主，而克行其道者，己之
誠意上達，而君見信之篤耳。管仲之相桓公，孔明之輔後
主是也。若能以誠信發其志意，則得行其道，乃爲吉也。」
（卷第六）

2. 君臣合力

明王求治，必賴賢臣，以共治天下。《程傳》於〈蹇‧九五〉爻辭下曰：

自古聖王濟天下之蹇，未有不由賢聖之臣爲之助者，湯、武得伊、
呂是也。中常之君，得剛明之臣而能濟大難者，則有矣，劉禪之孔
明，唐肅宗之郭子儀，德宗之李晟是也。（卷第四）

〈蹇〉繼〈睽〉後，《程傳》曰：「睽乖之時，必有蹇難。」天下於蹇難之時，
聖王需聖臣，中常之君亦需剛明之臣，否則何以濟蹇？助功不同，而用賢共
治則一也。《程傳》又曰：

雖賢明之君，苟无其臣，則不能濟於難也。故凡六居五，九居二者，
則多由助而有功，〈蒙〉、〈泰〉之類是也。九居五，六居二，則其功
多不足，〈屯〉、〈否〉之類是也。蓋臣賢於君，則輔君以君所不能；
臣不及君，則贊助之而已，故不能成大功也。（同前）

天下之事，非一人所能獨任。尤於蹇難之時，爲君者困，爲民者渙，更需有
賴賢臣共治，始能解困濟渙。《程傳》於〈困‧九五〉「劓刖，困于赤紱；乃
徐有說，利用祭祀」曰：

五，君位也。人君之困，由上下无與也。赤紱，臣下之服，取行來
之義，故以紱言。人君之困，以天下不來也；天下皆來，則非困也。
五雖在困，而有剛中之德；下有九二剛中之賢，道同德合，徐必相
應而來，共濟天下之困，是始困而徐有喜說也。（卷第五）

又於〈渙‧六四〉「渙其群，元吉。渙有丘，匪夷所思」曰：

四，巽順而正，居大臣之位。五，剛中而正，居君位。君臣合力，
剛柔相濟，以拯天下之渙者也。方渙散之時，用剛，則不能使之懷
附；用柔，則不足爲之依歸。四以巽順之正道，輔剛中正之君；君
臣同功，所以能濟渙也。天下渙散，而能使之群聚，可謂大善之吉

也。（卷第六）

　　程頤之治國論與君臣論，大抵不離儒家之道。君子之欲在於澤天下之民，解天下之困，此孔孟淑世之理想也。修齊治平，爲〈大學〉之義理。誠，爲〈中庸〉之義理。程頤藉《易》之卦爻象位，發揮《四書》之大義，可謂無微不至矣。朱彝尊《經義考》引馮當可曰：「伊川專於治亂。」可謂的論。儒者莫不以治亂爲己任，解經或有穿鑿之處，乃爲通病，然於義理可行，又何傷哉！程頤之意亦以爲如此。踐履盡道，方爲儒學之核心價值。

　　文天祥曰：「孔曰成仁，孟云取義。惟其義盡，所以仁至。」〔註114〕孔仁孟義，固爲儒學之精髓；然此一精髓乃有其針對性者，非爲一般人而言也。其所針對之對象，爲人君、爲人臣、爲士君子。今日之士君子，或將爲明日之人臣，故亦不可不知孔孟之道。孔孟之後，仁義之解最稱允當者爲漢儒董仲舒。其釋《春秋》之「仁義法」曰：

> 《春秋》之所治，人與我也。所以治人與我者，仁與義也。以仁安
> 人，以義正我；故仁之爲言人也，義之爲言我也，言名以別矣。仁
> 之於人，義之與我者，不可不察也。眾人不察，乃反以仁自裕，而
> 以義設人。詭其處而逆其理，鮮不亂矣！是故人莫欲亂，而大抵常
> 亂。凡以闇於人我之分，而不省仁義之所在也。是故《春秋》爲仁
> 義法：仁之法在愛人，不在愛我；義之法在正我，不在正人。我不
> 自正，雖能正人，弗予爲義。人不被其愛，雖厚自愛，不予爲仁。（《春
> 秋繁露・仁義法》）〔註115〕

「愛人」者，愛民也。樊遲問仁，孔子即以「愛人」論之。人即民也。愛民乃執政者之事。「正我」者，正己也，己正而後物正，亦孔子修己安人之意。執政者既以治亂爲務，理應以正己愛民爲先。不知此義，先修己德，雖能正人，亦爲不義之舉。仲舒之意，乃德治與法治之別也。以德治國，民有恥且格；以法治國，民免而無恥。無恥者日眾，則天下豈有長治久安之理？故治國之道，愛民爲本，正己爲先。所謂仁也者，能盡正己之義，即能盡愛民之道也。仲舒能申明此理，允爲一代大儒。天祥於國家滅亡之後，捨生成仁，

〔註114〕《文山集》卷二十一，〈紀年錄〉「壬午」條。（《四庫全書》）
〔註115〕《春秋繁露義證》卷第八，頁 249 至 251。

踐履盡義，亦爲儒者之高蹈。而簡中傳其道理，發皇儒學幽微之大旨者，其功非程頤莫屬也。

　　程頤以《易》傳儒家之道，自以爲道學。道之一詞，均見於先秦儒、道經典。儒門論道，可以仁、義、禮三字盡之。道家言道，即爲天道。孔子罕言天道，孟子謂盡心知性，可以知天。天人合德之論，微光已現。戰國季世，天道論流行，儒者恭逢其會，遂以天道論修德之理。《易》本占筮之書，孔子晚而喜之，變之而爲道德之學。《十翼》承其旨趣，於天道論流行之際，發揮窮理盡性以致於命之哲學思想，遂成儒門易學之正宗。儒門易理，程頤曰：「自秦而下，蓋无傳矣！」（〈易傳序〉）故悼其斯文之湮晦，而作《易傳》也。程頤發皇儒門大義，以易道等同天道，別出「天理」一詞以總攝之；而又以儒道等同易道，則儒道乃由天道開出，儒理爲天理之內涵，並融攝孟子心性論於其中，揉合道家形上之哲理與儒家處世之思想，故《程傳》一書，可謂儒、道會通之作也。上章嘗謂，程頤道學頗受佛氏啓發，其體用之說，與華嚴、禪宗相彷彿，則程頤之學，又爲儒、釋、道三家之總匯矣。然程頤以治國爲念，雖涵攝二家哲理之觀點，其積極之精神又與二家迥異，蓋其學本於孔孟之道者也。程頤以後，儒學已無太大發展。朱熹所謂集大成者，僅爲理學理論之完成，非有特殊創獲者也。其《周易本義》一書，尤背程學之旨。程頤嘗曰：「善學者，要不爲文字所梏。故文義雖解錯，而道理可通行者，不害也。」〔註116〕程頤以淑世爲念，不受文字之梏，此其氣魄之大處。朱熹則講論文字，訓詁之學，乃專家之事，非君師之所爲也。孔孟之道，爲君師之事，荀子導之於前，程頤承之於後。有謂程頤之學源於荀子，雖非周全之論，然猶有可信之處。則程頤之學，乃集先秦儒學義理之長，會通道、釋形上之哲理，眾川匯流，歸於《程傳》。程頤謂天下之道理一而分殊，程學則分殊而復歸理一也。一者，一於《程傳》，程學盡於斯矣。

〔註116〕《程氏外書》卷第六，《二程集》頁378。

第六章　《程傳》應用論
——隨時變易以從道也

　　《易》之為書，程頤以為聖人教戒之作；則《易》之為學，乃在於人事之應用也。《易》本占筮，其用意亦在人事；人事之吉凶悔吝，為用《易》之意。然吉凶悔吝，非占筮而得之者，乃道理而判之者也；故穆姜雖筮得〈隨卦〉，史官以為吉，穆姜以為凶，遂死宮中。由是知之，吉凶在人，非關占筮。人之處事，從理則吉，違理則凶；能知其道理，趨吉避凶，則無往而不利矣。《程傳》解《易》，不解占筮，道理即此。論占筮之《易》，乃術數家事，非儒者之學；求《易》之本義，乃訓詁家事，亦非儒者之大業也。程頤之觀念如此：儒者以治國為念，修己為先；未臻於此，豈稱儒學？更遑論知道矣。前章論《程傳》之義理，探討程頤道學與儒、道兩家之淵源關係，申明程頤之道論與道用，及其政治理想與君臣之義，可謂已得其道學之大旨矣。本章繼論其道用之延伸與易學之應用；能明乎此，則《程傳》之學，可謂知之周全。

第一節　程頤對卦爻時位德性之理解與應用

　　程頤極重「時」之觀念，嘗曰：「學《易》，且要知時。」〔註1〕所謂時者，卦時也、爻時也。卦時之說，始見於王弼，其《周易略例》曰：

　　　　夫卦者，時也；爻者，適時之變者也。（〈明卦適變通爻〉）

王弼之意，以為六十四卦分表六十四時；一卦六爻，由初而上，其序即為卦時之變，故一卦又有六變。明其卦時之變易，善能適時而處之，則知《易》

〔註1〕《程氏遺書》卷十九，《二程集》頁249。

之大用矣。故弼繼之又曰：

> 時有否泰，故用有行藏。（同前）

時泰則行，時否則藏也。然時變無常，吉凶無定；非時吉則吉，時凶則凶，用之在人而已。弼繼之又曰：

> 一時之制，可反而用也；一時之吉，可反而凶也。……用無常道，
> 事无軌度，動靜屈伸，唯變所適。（同前）

「適」者，宜之謂。「唯變所適」，即處變適宜也。時吉非吉，時凶非凶；吉凶之理，悔吝之由，盡在「唯變所適」一語之妙悟。程頤論《易》，亦謂貴在知時，然其解卦爻之義，則與王弼不同。《程傳》於〈屯‧上六‧象〉下曰：

> 夫卦者，事也。爻者，事之時也。（卷第一）

程頤以卦為事，爻為事之時，似與弼扞格而不入。然深究兩人之意，其實質相同，並無二致，程頤補其不足爾。弼之所謂時，係以發展言之；程頤之所謂事，乃以現象言之，時與事本不能分者。舉例言之，〈屯卦〉，王弼注曰：「屯者，天地造始之時也。」（上經）《程傳》曰：「屯，物之始生。」（卷第一）始，初也。以時言，屯為天地造物之初始階段；以事言，為物之萌發。天地造始，萬物萌生，時不離事，事不離時，故可以一體而觀之，兩面而解之。用於人事，弼以為「屯難之世」，程頤則曰：「天下屯難，未亨泰之時也。」屯難之世，即天下未亨泰之時也。謂程頤補其不足者，蓋因六十四卦非皆時義可以函括，尚有事義也。如〈訟卦〉，為爭訟之事；〈履卦〉，為踐履之事。程頤以事為綱而時為目，非有別於弼，補其不足爾。程頤既以卦為事，故以爻為事之時。一事之變化，固亦有時也。如爭訟之事，自初至終，其發展亦自有序。弼言處變之道，程頤言事之發展。處變之道，唯宜所適，弼之意也；程頤則於〈易傳序〉曰：「隨時變易以從道也。」從道，亦唯宜所適而已。弼以義理解《易》，與程頤之態度一致，故程頤嘗論學者如從未讀《易》，亦薦王注為先。道雖不同，去占筮之意則二賢同功。程頤不因人廢言，可謂君子之德也。

程頤以事為卦而時為爻，繼之又曰：

> 分三而又兩之，足以包括眾理；引而伸之，觸類而長之，天下之能
> 事畢矣。（同前）

「分三」者，一卦六爻又三分，各占二爻也。其說本於《十翼》，〈下繫〉曰：

> 《易》之為書也，廣大悉備，有天道焉，有人道焉，有地道焉。兼

三才而兩之，故六。六者非它也，三才之道也。（第十章）

〈說卦〉亦曰：

昔者，聖人之作《易》也，將以順性命之理，是以立天之道曰陰與陽，立地之道曰柔與剛，立人之道曰仁與義。兼三才而兩之，故《易》六畫而成卦；分陰分陽，迭用柔剛，故《易》六位而成章。（第二章）

二傳均以爲卦含天地人之道，由下而上，初、二爲地道，三、四爲人道，五、上爲天道，各占二爻，故〈繫辭〉謂「兼三才而兩之」。〈說卦〉又以爲聖人之事，聖人立天道爲陰陽，立地道爲柔剛，立人道爲仁義，以儒道貫通天地。《易》卦六十四，爻數三百八十四，程頤以爲只要觸類旁通，引而申之，天下之能事畢矣。此理亦〈繫辭〉之旨也。〔註2〕所謂「天下之能事」者，不外處世、治世之道爾。人於天地之中，觀陰陽之變化，察時事之發展，濟以剛柔之道，施以仁義之德，處世、治世之道，盡在於斯矣。《易》之卦爻象位，乃模擬其變化，揭示處世、治世之義理者也。六十四卦有六十四事，一事六變，再觸類旁通，何止千萬？〈繫辭〉所謂「廣大悉備」，此之謂也。

卦爻時位與爻德，爲處世、治世吉凶悔吝之重要依據。時、位、德三者，林益勝以爲即天時、地利、人和。〔註3〕天時之變，吾人無法左右，順應而已。地利之成，在於密察，以竟其功。人和之德，操之在我；咎由自取，反求諸己，以義爲先，程頤所謂處之以道而已。茲析程頤之意，以見其隨時變易之應用。

一、卦之時與事

程頤以卦爲事而爻爲事之時，即以事爲綱而時爲目也。天地造始之後，已無停頓之理，發展乃屬必然者，〈序卦〉即以事情之發展論其先後之序也。程頤解《易》，以〈序卦〉爲先，分置於〈屯〉以下六十二卦之首，即以爲〈序卦〉之說，其理皆合道也。〈序卦〉不從形上論道體，只言具體事象之發展。事象發展之理，歸納言之，不外有二，順、逆而已。如曰：「屯者，物之始生也。物生必蒙，故受之以〈蒙〉。蒙者，蒙也，物之穉也；物穉不可不養也，故受之以〈需〉。需者，飲食之道也。……」（〈上篇〉）此言順事之發展，必然如此。如曰：「泰者，通也。物不可以終通，故受之以〈否〉。物不可以終

〔註2〕〈上繫〉：「大衍之數五十，……引而申之，觸類而長之，天下之能事畢矣。」（第十章）

〔註3〕說見《伊川易傳的處世哲學》頁84。

否，故受之以〈同人〉。……」（〈上篇〉）此言逆事之發展，亦必然如此也。
相繼衍生，物極必反，萬象之發展不外順逆而已。程頤首肯〈序卦〉之理，
以爲其合道者也。簡言之，因果循環，如此而已。

　　事既有順逆之理，循環不輟，人亦宜有處變之道，故卦有其德。〈序卦〉
曰：「有大者，不可以盈，故受之以〈謙〉。……」（〈上篇〉）又曰：「夫妻之
道，不可以不久也，故受之以〈恆〉。……」（〈下篇〉）謙與恆，既爲卦名，
亦爲卦德，示人處世之道也。謙與恆之處世態度，非必然者，人固可以不謙
不恆；而〈序卦〉以孔孟思想勉之，肯定人類之行爲準則，確立應然之道德
價值，允爲繼承孔孟之正宗者也，故程頤尊之，以爲聖人之教。申明天地變
化之道，當順則順，當逆則逆，當勉則勉，即程頤所謂「隨時變易以從道」
之旨趣。茲依〈序卦〉之意，分〈乾〉〈坤〉以下六十二卦爲三類，與《程傳》
之解說對照參看，以見程頤於〈序卦〉之應用。

（一）順事之卦

序號	卦別	〈序卦〉	《程傳》
1	〈屯〉	屯者，盈也；物之始生也。	天下屯難，未亨泰之時。
2	〈蒙〉	蒙者，蒙也；物之穉也。	蒙昧未發，莫知所之。
3	〈需〉	物穉不可不養；需者，飲食之道。	須待，未能進也。
4	〈訟〉	飲食必有訟。	爭訟，辯是非曲直。
5	〈師〉	訟必有眾起；師者，眾也。	興師動眾之事。
6	〈比〉	比者，比也；眾必有比也。	親輔、親比之事。
7	〈小畜〉	比必有畜。	畜，止、聚、志相畜。 小畜，以小畜大、所畜聚小、所畜之事小。
8	〈履〉	物畜然後有禮。	履，踐也、藉也。禮，常履之道。
9	〈泰〉	履而泰，然後安；泰者，通也。	上下之情交通，而其志意同。
10	〈大有〉	與人同者，物必歸焉。（同人所致）	盛大豐有。
11	〈豫〉	有大而能謙必豫。（謙所致）	安和說樂。
12	〈隨〉	豫必有隨。	說豫之道，物所隨也。
13	〈蠱〉	以喜隨人者必有事；蠱者，事也。	蠱者，事也。蠱非訓事，乃有事也。蠱之義，壞亂也。

14	〈臨〉	有事而後可大；臨者，大也。	臨民、臨事，凡所臨皆是。在卦，取自上臨下、臨民為義。
15	〈觀〉	物大而後可觀。	人君上觀天道，下觀民俗；修德行政，為民瞻仰。
16	〈噬嗑〉	可觀而後有所合；嗑者，合也。	在口，則為有物隔而不得合；在天下，則為有強梗或讒邪間隔於其間，故天下之事不得合。
17	〈賁〉	物不可以苟合，故受之以賁；賁者，飾也。	物之合，則必有文，文乃飾也。如人之合聚，則有威儀上下；物之合聚，則有次序行列。合則必有文。
18	〈剝〉	致飾然後亨盡；剝者，剝也。	群陰長盛，消剝於陽之時。眾小人剝喪於君子。
19	〈无妄〉	復則不妄。（復所致）	復者，反於道也。既復於道，則合正理而无妄。无妄，言至誠也。至誠者，天之道。天之化育萬物，生生不窮，各正其性命，乃无妄也。
20	〈大畜〉	无妄然後可畜。	无妄則為有實，故可畜聚。在人，為學術道德充積於內，乃所畜之大。凡所畜聚，皆是專言其大者。
21	〈頤〉	物畜然後可養；頤者，養也。	頤，養也。人口所以飲食養人之身，故名為頤。聖人設卦，推養之義，大至於天地養育萬物，聖人養賢以及萬民，與人之養生、養形、養德、養人，皆頤養之道。
22	〈大過〉	不養則不可動。（養則可動，動則可過）	大過者，陽過也。故為大者過、過之大與大事過；聖賢道德功業大過於人，凡事之大過於常者，皆是。
23	〈離〉	陷必有所麗；離者，麗也。（坎所致） （以上為上篇）	陷於險難之中，則必有所附麗，理自然也。在人，則為所親附之人、所由之道、所主之事，皆其所麗也。
24	〈咸〉	有天地然後有萬物，有萬物然後有男女，有男女然後有夫婦。	咸，感也，有皆義，男女交相感也。君臣能相感，則君臣之道通；上下能相感，則上下之志通。
25	〈大壯〉	物不可以終遯。	大者壯也。君子之大壯，莫若克己復禮。
26	〈晉〉	物不可以終壯；晉者，進也。	晉，進而光明盛大之意。進盛之時，大明在上，而下體順附。
27	〈明夷〉	進必有所傷；夷者，傷也。	明入於地，其明滅也，故為明夷。當紂之昏暗，乃明夷之時。
28	〈家人〉	傷於外者，必反其家。	家人者，家內之道。

29	〈蹇〉	乖必有難；蹇者，難也。（乖所致）	蹇，險阻之義，故為蹇難；蹇難之時。
30	〈損〉	緩必有所失。（解所致）	損，減損。凡損抑其過以就義理，皆損之道。
31	〈夬〉	益而不已必決；夬者，決也。	潰決之象；剛決之義。
32	〈姤〉	決必有遇；姤者，遇也。	姤之義，遇也。天地不相遇，則萬物不生；君臣不相遇，則政治不興；聖賢不相遇，則道德不亨；事物不相遇，則功用不成。
33	〈萃〉	物相遇而後聚；萃者，聚也。	王者萃聚天下之道；萃者，豐厚之時。
34	〈升〉	聚而上者謂之升。	升者，進而上也。
35	〈困〉	升而不已必困。	困者，憊乏之義；君子為小人所掩蔽，窮困之時也。
36	〈革〉	井道不可不革。	革者，變其故也。
37	〈鼎〉	革物者莫若鼎。	鼎之為用，所以革物。變腥而為熟，易堅而為柔。
38	〈震〉	主器者莫若長子；震者，動也。	長子，傳國家，繼位號者也，故為主器之主。〈序卦〉取其一義之大者，為相繼之義。震，動也，有動而奮發震驚之義。
39	〈艮〉	物不可以終動，止之；艮者，止也。	艮者，止也；有安重堅實之意。畜為力止；艮為安止。
40	〈歸妹〉	進必有所歸。（〈漸〉之順）	歸妹者，女之歸也。
41	〈豐〉	得其所歸者必大；豐者，大也。	豐，盛大之義。豐之時，人民繁庶，事物殷盛。
42	〈旅〉	窮大者必失其居。（〈豐〉之逆）	豐大至於窮困，必失其所安；旅困之時。
43	〈巽〉	旅而無所容；巽者，入也。	重巽者，上下皆巽也。上順道以出命，下奉命而順從。
44	〈兌〉	入而後說之；兌者，說也。	說，致亨之道也。陰從於陽，為陽所說也。
45	〈渙〉	說而後散之；渙者，離也。	渙，離散。天下離散之時。
46	〈中孚〉	節而信之。	內外皆實而中虛，為誠之象。中虛，信之本。
47	〈小過〉	有其信者必行之。	小者過、小事過、過之小。
48	〈既濟〉	有過物者必濟。	天下萬物已濟之時。

（二）逆事之卦

序號	卦別	〈序卦〉	《程傳》
1	〈否〉	物不可以終通。（〈泰〉之逆）	天地隔絕，上下不交，无邦國之道。
2	〈復〉	窮上反下。（〈剝〉之逆）	復，爲反善之義。
3	〈習坎〉	物不可以終過；坎者，陷也。（〈大過〉之逆）	習坎者，上下皆坎，兩險相重。
4	〈解〉	物不可以終難；解者，緩也。（〈蹇〉之逆）	解者，散也；患難解散之象。
5	〈益〉	損而不已必益。（〈損〉之逆）	益者，益於天下之道。
6	〈井〉	困乎上者必反下。（〈困〉之逆）	物之在下者，莫如井。井以濟用爲功。
7	〈漸〉	物不可以終止；漸者，進也。（〈止〉之逆）	進以序爲漸。
8	〈未濟〉	物不可窮也。（〈既濟〉之逆）	未濟，未窮也；未窮則有生生之義。未濟之時，當有求濟之道。

（三）處事之卦

序號	卦別	〈序卦〉	《程傳》
1	〈同人〉	物不可以終否；與人同也。	上下相同。聖賢之同，以天下爲公；常人之同，由私意所合。
2	〈謙〉	有大者，不可以盈，故受之以謙。	以崇高之德，而處卑之下。
3	〈恆〉	夫婦之道，不可以不久也。	恆者，常久也；然非守一隅而不知變。君子之恆於善，可恆之道；小人恆於惡，失可恆之道。
4	〈遯〉	物不可以久居其所；遯者，退也。	遯者，陰長陽消，君子遯藏之時。
5	〈睽〉	家道窮必乖；睽者，乖也。（家道可以不窮者）	睽乖離散之時。
6	〈節〉	物不可以終離。（節，止也）	物既離散，當節止之；節貴適中，過則苦。

　　以上分類，非截然而不可變易者，爲方便立說而粗分之爾。如物極必反之理，以其「反」道言之，〈否〉爲〈泰〉之「逆」；以事理言之，物極必反乃理之必然如此，故亦可視爲〈泰〉之「順」也，六十四卦皆順事而衍生或

反轉者也。又以〈中孚〉言之,〈中孚〉於〈節卦〉之後,「節而信之」(〈序卦〉),爲事理之必然,故列於順事之卦。然「孚」意爲「信」,誠信爲儒家處世之原則,又可爲處事之卦矣。〈序卦〉之意,以順事發展爲其脈絡,故僅列於順事之卦類。程頤謂,天下之理,一而已矣。理一而分殊,故角度不同,見解亦異,要之則歸於一理。如此理解,可知分類乃權宜之舉,非必然之事。〈序卦〉釋義,以順逆爲發展之方向,配以處世之態度,遂成〈乾〉〈坤〉以下六十二卦之序。韓康伯雖以爲非《易》之縕,然於程頤,則以爲合道,而卦卦皆事,事事皆理也。

　　〈序卦〉之意雖如此,程頤亦非照單全收者。〈乾〉〈坤〉二卦,爲天地造物之端,〈序卦〉無以人事配之者,而程頤則於〈乾〉卦發揮天命之理,復於〈乾〉〈坤〉二卦立人事之說,配以君臣之義,則六十四卦皆事也。程頤發揮〈序卦〉之法,有所謂「釋法」、「申法」與「兼法」者,已詳見於上章第五節,不贅。總而言之,不見於〈序卦〉之意者,則爲〈象傳〉之意,所謂「兩兼」者是也。不見於《十翼》之意,則爲程頤之發揮矣。

二、爻之時與事

　　卦既爲事,則卦內之爻,爲事之時也。一卦六爻,下爻爲初,上爻爲終,卦事之終始也。由初而上,有漸進之勢;而其上下之序,亦有位焉,亦有事焉。初、二爲地道之位,三、四爲人道之位,五、上爲天道之位。陽爻之數爲奇,故初、三、五爲陽位;陰爻之數爲耦,故二、四、上爲陰位。以人事言之,五爲君,餘皆爲臣;溥天之下,莫非王臣之意也。而近五之四,爲公卿大臣之位,三、二次之。初、上有無位之說。無位者,無祿位之人也。詳見下文分論。程頤關心治道,其政治理念之發揮,盡在六爻時位之變化中,欲明程頤之學,必留心於是焉。

(一)初爻

　　六十四卦之初爻,陰陽各占三十二。於時爲初;於事爲始;於位爲下、爲卑、爲遠;於人爲無位之人、爲下民;於德,爲卑順。因卦取義,各隨其宜也。《程傳》釋〈乾·初九〉曰:

> 初九在一卦之下,爲始物之端,陽氣方萌。聖人側微,若龍之潛隱,
> 未可自用,當晦養以俟時。(卷第一)

〈乾〉為始物之端，所謂「乾元」也。乾元發動，初爻即為發動後萬物之初長，始物之端，乃概括時與事而言之。於位為下，於人為無位。程頤於此爻之發揮，已道盡初始時、位、人之能事矣。「側微」一詞，見於《尚書·舜典》，〔註4〕舜未發蹟之時也。程頤以〈乾〉為舜之卦，以舜之事蹟申明人事出處去就之理，因時制義。〈乾〉既為始創，爻處於初，於人為處於貧賤無位之時也。爻辭謂「潛龍勿用」，〈小象〉未嘗發揮，〈文言〉則贊其龍德，謂能「遯世无悶」，而程頤則有「未可自用，當晦養以俟時」之戒。「俟時」為程頤之意，勉人「晦養」而待時也。無位之人如是，有位之人又當如何？《程傳》釋〈屯·初九〉曰：

> 初以陽爻在下，乃剛明之才，當屯難之世，居下位者也，未能便往濟屯，故磐桓也。方屯之初，不磐桓而遽進，則犯難矣，故宜居正而固其志。（同前）

〈屯〉繼〈乾〉〈坤〉之後，尚在萬物始生之時，故其初爻與〈乾〉之初爻性質略同，於人事，只是由無位而變有位爾。然縱有位，亦為下位，〔註5〕所謂微末之臣，非能遽然而有所進者也，故程頤勉之，「宜居正而固其志」。正則不偏，固則不改；志正不改，君子之義也。士君子觀程頤之釋義，能無所深省乎？

綜觀程頤以「初」、「始」釋初爻者二十六卦，〔註6〕以「下」、「卑」或「卑下」釋者四十二卦，〔註7〕以「无位」釋者三卦，〔註8〕以「下民」釋者三卦，

〔註4〕《尚書·舜典》：「虞舜側微。」孔安國傳：「為庶人，故微賤。」孔疏：「不在朝廷謂之側，其人貧賤謂之微。」《十三經注疏》本，頁34上。

〔註5〕程頤以小臣解初爻，只此一例。

〔註6〕林益勝《伊川易傳的處世哲學》，分析程頤以「初始」釋初爻者共計二十二卦，但所列卦名只得二十卦。分別是〈同人〉、〈大有〉、〈復〉、〈明夷〉、〈家人〉、〈睽〉、〈震〉、〈節〉、〈中孚〉之初九及〈坤〉、〈訟〉、〈師〉、〈比〉、〈剝〉、〈咸〉、〈晉〉、〈蹇〉、〈姤〉、〈艮〉、〈渙〉之初六。據本人分析，以「初始」釋初爻宜為二十五卦，除林氏所列二十卦外，應增列〈乾〉、〈解〉、〈革〉、〈漸〉、〈豐〉及〈既濟〉等六卦之初爻。

〔註7〕林氏分析程頤以「下」釋初爻者共三十二卦，別為三類：1.位之下（27卦）；2.卑微無位（4卦）；3.情勢之下（1卦）。據本人分析之結果，以「下」、「卑」或「卑下」釋初爻者共四十二卦，初九分別為：〈乾〉、〈屯〉、〈履〉、〈泰〉、〈大有〉、〈噬嗑〉、〈賁〉、〈大畜〉、〈離〉、〈大壯〉、〈睽〉、〈損〉、〈益〉、〈夬〉、〈革〉、〈震〉、〈兌〉、〈節〉與〈既濟〉等十九卦；初六分別為：〈坤〉、〈蒙〉、〈訟〉、〈否〉、〈謙〉、〈豫〉、〈蠱〉、〈剝〉、〈大過〉、〈坎〉、〈咸〉、〈恆〉、〈晉〉、〈升〉、〈困〉、〈井〉、〈鼎〉、〈艮〉、〈漸〉、〈旅〉、〈巽〉、〈小過〉及〈未濟〉等二十

〔註9〕以「遠」釋者三卦，〔註10〕以德之「卑」釋者四卦，〔註11〕以「後」、「微」釋者一卦，〔註12〕例外者三卦。〈乾・初九〉一爻已綜合初、下、無位之義，不再舉出；其餘各舉一卦以明之，而例外者則詳列焉。

1. 下民

〈蒙・初六〉：「發蒙，利用刑人。」

《程傳》：「初以陰闇居下，下民之蒙也。爻言發之之道。發下民之蒙，當明刑禁以示之，使之知畏，然後從而教導之。」（卷第一）

案：「下民」，指百姓。民智未開之時，百姓蒙昧無知，在位者故須「發下民之蒙」。「發」為開發義，使無知而成有知也。程頤重刑法，非在於以刑法治國，乃在於教導，移風易俗，使天下治化，故程頤又曰：

苟專用刑以為治，則蒙雖畏，而終不能發。苟免而无恥，治化不可得而成也。（同前）

刑法為治化手段之一，非其目的；故示民以法，使之畏懼而已。從而教導之，使之有恥且格，以達治化之功。程頤應用〈蒙〉之初六，闡揚孔子以德治國，使民有恥且格之遺教。〔註13〕知恥而不為，格之所以立也。格者，人格之謂。

2. 遠

〈觀・初六〉：「童觀。」

《程傳》：「六以陰柔之質，居遠於陽，是以觀見者淺近，如童稚然，故曰『童觀』。」（卷第三）

案：〈觀〉（☴☷），初至四皆為陰爻，陽爻居五與上，初爻與陽遠隔，故云「居遠於陽」。近陽則明，遠陽則暗，故所觀見者淺近也。童稚蒙昧無知，觀見淺近，其意相仿，故程頤如是解說。

〔　　〕三卦。
〔註8〕无位：〈噬嗑〉、〈賁〉、〈離〉。
〔註9〕下民：〈蒙〉、〈觀〉、〈噬嗑〉。
〔註10〕遠：〈需〉、〈觀〉、〈賁〉。
〔註11〕卑順：〈歸妹〉、〈巽〉、〈兌〉；卑賤：〈旅〉。
〔註12〕〈遯〉。
〔註13〕《論語・為政》：「子曰：『道之以政，齊之以刑，民免而無恥；道之以德，齊之以禮，有恥且格。』」

3. 卑順

〈兌・初九〉：「和兌，吉。」

《程傳》：「初雖陽爻，居說體而在最下，无所係應，是能卑下和順
　　　　　以爲說，而无所偏私者也。以和爲說而无所偏私，說之正
　　　　　也。陽剛則不卑，居下則能巽，處說則能和，无應則不偏。
　　　　　處說如是，所以吉也。」（卷第六）

案：〈兌〉（☱），上下皆《兌》。兌者，悅（說）也。陽爻爲剛，君子之象，
處初爻爲正，不以悅取人或取於人；故處於卑下之地，雖態度卑順，亦能自
守以正。卑順，非折志枉曲以悅人也。君子和而不同，无所偏私，乃程頤之
戒。

4. 後、微

〈遯・初六〉：「遯尾，厲，勿用有攸往。」

《程傳》：「它卦，以下爲初。遯者，往遯也。在前者先進，故初乃
　　　　　爲尾。尾，在後之物也。遯而在後，不及者也，是以危也。
　　　　　初以柔處微，既以後矣，不可往也；往則有危矣。微者，
　　　　　易於晦藏。」（卷第四）

案：〈序卦〉曰：「遯者，退也。」「往遯」，即引退之意。〈遯〉（☶）之初六，
爻辭既有「遯尾，厲」之說，故程頤釋初六爲「尾」；尾，在後之意，以爲未
能見機而作，不及引退，危厲即至。初爻亦有「微」意，微末之地、微末之
臣也。《程傳》復申其〈小象〉曰：「古人處微下，隱亂世而不去者，多矣。」
亂世宜隱，乃老氏之意；不可與鳥獸同群，爲孔子之教。〔註14〕儒者之所謂
「晦藏」，或修德待時，或居家教學，非無事於山水田園之間也。

4. 例外

尚有例外三卦，爲〈隨〉、〈无妄〉與〈頤〉。所謂例外，即不依初爻在下
之意象引伸，而隨卦事解義，別爲一說。茲分別論之如下：

〈隨・初九〉：「官有渝，貞吉。」

《程傳》：「九，居隨時而震體，且動之主，有所隨者也。官，主守也。
　　　　　既有所隨，是其所主守有變易也，故曰『官有渝，貞吉』，
　　　　　所隨得正則吉也。有渝而不得正，乃過動也。」（卷第二）

〔註14〕語見《論語・陽貨》「長沮、桀溺耦而耕」章。

案：程頤以初九爲〈隨〉（䷐）之動主，勉人處於隨時，守正則吉，不宜有過；過則不正，焉得有吉也。程頤以爻辭爲「官有渝」，意謂在位者有變，在其下之人能無變乎？程頤之意，變是無妨，唯須守正；不得其正，「乃過動也」。過動者，變不得正也。

〈无妄・初九〉：「无妄，往吉。」

《程傳》：「九以剛陽爲主於內，无妄之象。以剛實變柔而居內，中誠不妄者也。以无妄而往，何所不吉？」（卷第三）

案：〈无妄〉初九，程頤以爲乃「无妄之象」，並無時位之說。又以「中誠」釋其无妄之實，以爲初九「中誠不妄」；然似未合爻例。〔註15〕程頤嘗謂六十二卦皆由《乾》《坤》所變，〈无妄〉（䷘），《震》下《乾》上，下卦之《震》，乃由《坤》初爻之變而成，陰變陽也。《程傳》「剛實變柔」之說，即是此意。

〈頤・初九〉：「舍爾靈龜，觀我朵頤，凶。」

《程傳》：「爾，謂初也。舍爾之靈龜，乃觀我而朵頤。我，對爾而設。初之所以朵頤者，四也；然非四謂之也，假設之辭爾。九，陽體剛明，其才智足以養正者也。龜能咽息不食；靈龜，喻其明智，而可以不求養於外也。才雖如是，然以陽居動體，而在頤之時，求頤，人所欲也，上應於四，不能自守，志在上行，說所欲而朵頤者也。心既動，則其自失必矣。迷欲而失己，以陽而從陰，則何所不至，是以凶也。」（卷第三）

案：程頤以〈頤〉（䷚）之初九爲「靈龜」。「靈龜」爲明智之物，能自修其德（咽息不食），不假外求（不求養於外）。然於頤之時，難免受人欲所動，不能自守，向上求索，迷欲而失己，招來凶難。故程頤勉其居正固志，亦〈屯〉初九之義也。陽居初爻爲正位，之所以凶者，失其明智，欲求於陰也。由例外之例觀之，程頤解《易》，並不固泥爻例，隨時變易，志在訓戒。

（二）二爻

卦事之發展，進入二爻，又一景致。於時言，爲事之漸進，較初爻又深入一層矣。於位言，仍在下也，處於臣民之間。於人言，二爻爲內卦之中，

〔註15〕 爻例以陽居初、三、五位爲正，正非中，豈能便稱「中」也。〈无妄〉，《程傳》：「言至誠也。」（卷第三）則以「至誠」代「中誠」爲宜。

故具中德，如陽爻居之，則具剛中之德；如陰爻居之，則具柔中之德。二爲陰位，如陰爻居之，更是居中得正，具中正之美矣。如陽爻居之，雖非得正位，但能守其中德，亦無過咎，故程頤有中重於正之說。《程傳》釋〈恆‧九二〉「悔亡」曰：

> 「九，陽爻，居陰位，非常理也。處非其常，本當有悔，而九二以中德而應於五，五復居中，以中而應中，其處與動，皆得中也，是能恒久於中也。能恒久於中，則不失正矣。中重於正，中則正矣，正不必中也。九二以剛中之德而應於中，德之勝也，足以亡其悔矣。人能識重輕之勢，則可以言《易》矣。」（卷第四）

〈恆〉（䷟）爲夫婦之道，以恆久爲常理。其五爻爲陰，居上得中，九二居下，上應於六五，陰陽相感相應，故能恆久。九二處中應中，動處皆中也，故雖非其位，「德之勝也」。程頤於此爻揭示「德」重於「位」之旨，以爲「識重輕之勢，則可以言《易》矣」。觀其德義，乃孔子於帛書〈要〉篇之大義也。九二上應六五，非必爲吉義。《程傳》釋〈損‧九二〉「利貞，征凶，弗損益之」曰：

> 二以剛中，當損剛之時，居柔而說體，上應六五陰柔之君，以柔說應上，則失其剛中之德，故戒所利在貞正也。（卷第五）

又釋其〈小象〉「九二利貞，中以爲志也」曰：

> 九居二，非正也；處說，非剛也，而得中爲善。若守其中德，何有不善？豈有中而不正者？豈有中而有過者？二所謂『利貞』，謂以中爲志也。志存乎中，則自正矣。大率中重於正，中則正矣，正不必中也。能守中，則有益於上矣。

於〈損〉（䷨）之時，柔能損剛，如不能自守，媚悅於上，則失其剛中之德矣。〈小象〉以「中以爲志」勸勉，程頤亦以「守中」爲戒，中重於正也。綜觀六十四卦，陰陽居於二爻者各占三十二卦，然非皆以中德爲解。茲分中、時、下、例外等四類說明之，以見《程傳》之應用也。

1. 中

處二爻爲中，以中爲意象，又分中正、中德、險中及失中德四類。

（1）中正

陰爻居之，爲居中得正，六二是也。然三十二卦中，六二能居中得正，

具中正之美者，僅有二十八卦，餘四卦爲例外。〔註16〕茲舉一例以明其中正之美之旨，例外者留於後述：

〈晉・六二〉：「晉如，愁如，貞吉。」

《程傳》：「六二在下，上无應援，以中正柔和之德，非強於進者也，故於進爲可憂愁，謂其進之難也。然守其貞正，則當得吉，故云：『晉如，愁如，貞吉。』」（卷第四）

案：〈晉〉（䷢）之卦義，進也。陰非上進之物，六五亦爲陰，無所應援，故六二以進爲愁。然陰既非上進之物，則守其中正柔和之德，自當得吉矣。程頤勉人守正，安於其分也。

（2）中德

陽爻居二爲剛實於中，或謂之居柔得中，或謂之剛中。既具中德，踐履之即爲中道。然三十二卦中，九二具中德者僅有二十四卦，〔註17〕茲舉一例以明之：

〈小畜・九二・象〉：「牽復在中，亦不自失也。」

《程傳》：「二居中，得中者也；剛柔進退，不失乎中道也。陽之復，其勢必強。二以處中，故雖強於進，亦不至於過剛；過剛乃自失也。爻止言牽復而吉之義，〈象〉復發明其在中之美。」（卷第一）

案：〈小畜〉（䷈）之二爻爲陽。陽乃上進之物，然處於柔位，不致過剛，故能剛柔適中，進退不失乎中道也。爻辭有「牽復」之語，〈小象〉則以「在中」爲意，即復於中道，可「不自失」，故程頤謂其「發明在中之美」。

（3）險中

九二居中而險，不以中德論者，爲〈習坎〉與〈渙〉。二卦之下卦皆爲《坎》，〈習坎〉爲重《坎》，〈渙〉爲《坎》下《巽》上。坎爲水，象險也。茲以〈習坎〉爲例說明之：

〔註16〕二十八卦具中正之德者分別爲：〈坤〉、〈屯〉、〈比〉、〈否〉、〈謙〉、〈豫〉、〈隨〉、〈觀〉、〈噬嗑〉、〈復〉、〈无妄〉、〈離〉、〈咸〉、〈遯〉、〈晉〉、〈明夷〉、〈家人〉、〈蹇〉、〈益〉、〈萃〉、〈革〉、〈震〉、〈艮〉、〈漸〉、〈豐〉、〈旅〉、〈小過〉及〈既濟〉。例外四卦爲：〈同人〉、〈賁〉、〈剝〉、及〈頤〉。

〔註17〕具中德者二十四卦，分別爲：〈蒙〉、〈師〉、〈小畜〉、〈履〉、〈泰〉、〈大有〉、〈蠱〉、〈臨〉、〈大畜〉、〈大過〉、〈恆〉、〈大壯〉、〈睽〉、〈解〉、〈損〉、〈夬〉、〈姤〉、〈困〉、〈鼎〉、〈歸妹〉、〈巽〉、〈兌〉、〈中孚〉及〈未濟〉。

〈習坎・九二〉：「坎有險。」

《程傳》：「二當坎險之時，陷上下二陰之中，乃至險之地，是有險
　　　　　也。」（卷第三）

案：以卦時言之，〈習坎〉（䷜）爲「坎險之時」，重坎又加劇焉。處於其時，
九二又陷於二陰之間。陰爲小人，陽爲君子，君子夾於二小人之間，故程頤
謂九二爲「至險之地」也，不以中德論。

（4）失中德

陽爻居二，以得中論；然〈節〉之九二，失其中德。

〈節・九二〉：「不出門庭，凶。」

《程傳》：「二雖剛中之質，然處陰居說而承柔。處陰，不正也；居
　　　　　說，失剛也；承柔，近邪也。節之道，當以剛中正，二失
　　　　　其剛中之德，與九五剛中正異矣。」（卷第六）

案：節之時，固以「剛中正」爲「節之道」，然〈節〉（䷻），《兌》下《坎》
上，兌義爲說（悅），在《兌》之中乃處於媚悅之象。二爻爲陰位，以剛處
之，居已不正，加之三爻爲陰，陰爲小人，鄰比小人，「近邪也」。以剛「承
柔」，取說於小人也。綜而論之，「二失其剛中之德」矣。《程傳》復發揮之
曰：

不出門庭，不之於外也，謂不從於五也。二、五非陰陽正應，故不
相從。若以剛中之道相合，則可以成節之功；唯其失德失時，是以
凶也。不合於五，乃不正之節也。以剛中正爲節，如懲忿窒慾，損
過抑有餘是也。不正之節，如嗇節於用，懦節於行是也。（同前）

節固爲美德，然過於節用則爲嗇，應行而不行則爲懦，則失其剛中正之德矣。
程頤戒人行剛中正之德，爲「懲忿窒慾，損過抑有餘」。「懲忿」，懲奸也。「窒
慾」，去私也。「損過抑有餘」，一作「損過益不及」。〔註18〕以文意論之，「損
過」即「抑有餘」，重覆其意，似可不必，故以「益不及」爲是。「損過益不
及」者，歸於中道也。節歸於中，方爲合道。

2. 時

時有漸進之義。漸進之爻，或爲時之漸進，如〈乾〉之九二；或爲勢之
漸進，如〈需〉之九二；或爲陽之漸盛，如〈臨〉之九二；或爲陰之益盛，

如〈剝〉之六二。茲舉其一以明之：

〈剝·六二〉：「剝牀以辨，蔑貞，凶。」

《程傳》：「辨，分隔上下者，牀之幹也。陰漸進而上，剝至於辨，
愈蔑於正也，凶益甚矣。」（卷第三）

案：〈剝〉（䷖），〈彖〉曰：「柔變剛也。」《程傳》曰：「柔變剛也，柔長而
剛剝也。夏至，一陰生而漸長。一陰長則一陽消，至於建戌，則極而成剝，
是陰柔變剛陽也。」十二消息卦之說，創於三國虞翻，程頤用其說以解柔長
變剛之義。漢易合理之論程頤皆取之，可見其非真斥漢易，但闢術數爾。

3. 下

以下位解二爻者，計有〈訟〉、〈升〉與〈井〉三卦之九二，茲舉一例如
下：

〈訟·九二〉：「不克訟。」

《程傳》：「二、五相應之地，而兩剛不相與，相訟者也。九二自外
來，以剛處險，爲訟之主，乃與五爲敵。五以中正處君位，
其可敵乎？是爲訟而義不克也。」（卷第一）

《程傳》又釋〈訟·九二·象〉「自下訟上，患至掇也」曰：

自下而訟其上，義乖勢屈，禍患之至，猶拾掇而取之，言易得也。（同
前）

案：二、五本相應之位，然〈訟〉（䷅）之二、五皆陽爻，兩剛敵對，而成
相訟之勢。二爲訟主，興訟者也。然二爲下位之人，卻訟其上位之君。下爲
能敵上？固「不克訟」，而其患必至矣。

4. 例外

卦之二爻，於時爲漸進，於位爲中、爲下，不以此三義解者，是爲例外。
此類例外之卦，有〈同人〉、〈賁〉與〈頤〉之六二，茲分別論之如下：

〈同人·六二〉：「同人于宗，吝。」

《程傳》：「二與五爲正應，故曰『同人于宗』。宗，謂宗黨也。同於
所係應，是有所偏與，在同人之道爲私，狹矣，故可吝。
二若陽爻，則爲剛中之德，乃以中道相同，不爲私也。」
（卷第二）

《程傳》又釋〈同人·六二·象〉「同人于宗，吝道也」曰：

諸卦以中正相應爲善，而在同人則爲可吝，故五不取君義。蓋私比，
非人君之道；相同以私，爲可吝也。（同前）

案：五本君位，程頤於〈同人〉（䷌）不取君義，勉人君以天下爲公也。蓋
亦隨時取義之旨。同人以公爲中道，私暱宗黨，程頤不許也。

〈賁·六二〉：「賁其須。」

《程傳》：「卦之爲賁，雖由兩爻之變，而文明之義爲重。二實賁之
主也，故主言賁之道。飾於物者，不能大變其質也，因其
質而加飾耳，故取須義。須，隨頤而動者也；動止唯繫於
所附，猶善惡不由於賁也。二之文明，唯爲賁飾，善惡則
繫其質也。」（卷第三）

案：〈賁〉（䷕）之六二，程頤以爲卦之主爻。賁爲文飾之意，爻辭爲「賁其
須」，程頤以爲「須」與「鬚」同義，故有「須，隨頤而動者也」之說。因辭
解義，不以「中」論，亦隨時取義也。

〈頤·六二〉：「顛頤，拂經于丘頤。征凶。」

《程傳》：「女不能自處，必從男；陰不能獨立，必從陽。二，陰柔，
不能自養，待養於人者也。天子養天下，諸侯養一國，臣
食君上之祿，民賴司牧之養，皆以上養下，理之正也。二
既不能自養，必求養於剛陽；若反下求於初，則爲顛倒，
故云『顛頤』。顛則拂違經常，不可行也。若求養於丘，
則往必有凶。丘，在外而高之物，謂上九也。卦止二陽，
既不可顛頤于初，若求頤于上九，往則有凶。」（卷第三）

案：程頤於〈頤〉之六二申論君臣之道，應以養民爲務。不能養民，反求於
民，是謂「顛頤」也。顛者，復也；謂六二反求初九。「顛頤」乃違反常理
者，故不可行。「丘」，王肅以爲指六五，[註19] 程頤卻「謂上九」。〈頤〉（䷚），
上經卦爲《艮》，《艮》爲山，六五居中，宜爲「丘」，上九已達山巔矣。況
二、五爻位處於相應之地，解六二捨相應之地爲說，實不宜也。然程頤之解
如是：六二與六五敵應，故六二逾越六五往上九求之。上九非其應地，故云
「征凶」。二、五居中，爻辭多以吉論，然〈頤〉之六二則謂「征凶」，亦悖
常理。故程頤自設問答之辭曰：

〔註19〕說見李鼎祚《周易集解》卷六。

六二中正，在它卦多吉，而凶，何也？曰：「時然也。陰柔既不足以
自養，初、上二爻，皆非其與，故往求則悖理而得凶也。」（同前）
因時制義，已存爻例之中。程頤解《易》，又豈無隨時變易之方耶？

（三）三爻

卦之三爻，陰陽各占三十二卦。論其位，已離二之中，居下卦之上，漸
近於五爻之君位，故於人事言之，爲大臣之位、爲人臣之道也。三爲陽位，
陽爻居之，爲君子具陽剛之德而居正；陰爻居之，爲不中不正，小人之道也。
然非陽剛居正爲必吉，陰柔居之而必凶者也。隨時而定，因卦而變。於三爻，
程頤以「時」論者極少，以「德」論則甚夥；君子、小人之異同，幾盡發揮
於斯矣。茲分居下之上、不中或不中正、極與終等四類論之，以見程頤於三
爻之應用。

1. 居下之上

下者，下卦也。下卦或言內卦，或言下體。三爻之位，程頤或云居下之
上，或云下體之上，或云一體之上，或云內卦之上，或云下卦之上，或逕稱
其卦名，隨其解而已，非有定則。其解與卦名之義相關較重者，即以「體」
或「內」稱之；與爻位相關較重者，則以「居下之上」稱之。統計而言，九
三爻稱下之上者共十九卦，〔註20〕六三爻八卦。〔註21〕茲各舉一例如下：

（1）九三之例

〈謙・九三〉：「勞謙。」

《程傳》：「三以陽剛之德而居下體，爲眾陰所宗，履得其位，爲下
之上，是上爲君所任，下爲眾所從，有功勞而持謙德者也，
故曰『勞謙』。」（卷第二）

案：〈謙〉（䷎），《程傳》釋其卦義曰：「有其德而不居，謂之謙。」（卷第二）
下臣居位，爲上君分勞，乃理所當然之事，勞而不怨，唯盡職而已。故既有
功勞，亦爲本分之事。所謂「勞謙」者，功成不居。程頤爲人臣訂官箴也。

（2）六三之例

〈解・六三〉：「負且乘，致寇至，貞吝。」

〔註20〕該十九卦分別爲：〈乾〉、〈泰〉、〈大有〉、〈謙〉、〈蠱〉、〈咸〉、〈明夷〉、〈家人〉、
〈蹇〉、〈夬〉、〈井〉、〈革〉、〈鼎〉、〈艮〉、〈漸〉、〈豐〉、〈旅〉、〈巽〉及〈小過〉。
〔註21〕該八卦分別爲：〈坤〉、〈師〉、〈臨〉、〈噬嗑〉、〈解〉、〈益〉、〈萃〉及〈歸妹〉。

《程傳》:「六三陰柔,居下之上,處非其位,猶小人宜在下以負荷;
　　　　而且乘車,非其據也,必致寇奪之至,雖使所爲得正,亦
　　　　可鄙吝也。小人而竊盛位,雖勉爲正事,而氣質卑下,本
　　　　非在上之物,終可吝也。」(卷第四)

案:〈解〉(䷧),《程傳》釋其卦義曰:「解者,天下患難解散之時也。」(卷
第四)所謂「天下患難」,程頤以爲,即國家「紀綱法度廢亂,而後禍患生」
(同前)也。今既解其難,而安平无事,則「當修復治道,正紀綱、明法度,
進復先代明王之治」(同前)。此其時也,宜用君子;如小人居位,則易招寇
至。非其德而居之,人心不服,必有擬奪之者也。縱使小人「勉爲正事」,終
因德位不稱,亦爲可吝也。

2. 不中或不中正

三已過中,故爲不中。陽爻居之,以位言,正而不中;以事言,爲處事
不得中。不得中,過剛之謂也。陰爻居之爲不中正,或謂不中不正。統計陽
爻居三而謂其不中或不得中者九卦,[註22] 陰爻居三而謂其不正、或不當位、
或不中正、或不中不正者二十卦。[註23] 各舉一例論之如下:

(1) 九三不中之例

〈旅・九三〉:「旅焚其次,喪其童僕貞,厲。」

《程傳》:「處旅之道,以柔順謙下爲先。三剛而不中,又居下體
　　　　之上與《艮》之上,有自高之象。在旅而過剛自高,致
　　　　困災之道也。自高,則不順於上,故上不與而焚其次,
　　　　失所安也。上《離》爲焚象,過剛則暴下,故下離而喪
　　　　其童僕之貞信,謂失其心也。如此,則危厲之道也。」
　　　　(卷第六)

案:〈旅〉(䷷),《艮》下《離》上。《艮》爲山,其三爻居於「下體之上」,
即謂其居於高山之上也,故有「自高之象」。三既過中,陽爻居之,故又有過
剛之意。過剛自高,非中道,故有困災,咎由自取也。程頤勉人於處旅之時,

[註22] 該九卦分別爲:〈小畜〉、〈同人〉、〈蠱〉、〈大過〉、〈家人〉、〈鼎〉、〈艮〉、〈旅〉
　　　　及〈巽〉。

[註23] 該二十卦分別爲:〈屯〉、〈蒙〉、〈師〉、〈履〉、〈否〉、〈豫〉、〈臨〉、〈噬嗑〉(不
　　　　當位)、〈无妄〉、〈頤〉、〈習坎〉〈晉〉、〈睽〉(不正)、〈萃〉、〈困〉、〈震〉、〈兌〉、
　　　　〈渙〉、〈節〉及〈未濟〉。

宜「以柔順謙下」，否則「上不與而焚其次，失所安」。上有所失，下有所暴，「危厲之道也」。

（2）六三不中正之例

〈兌‧六三〉：「來兌，凶。」

《程傳》：「六三，陰柔不中正之人，說不以道者也。來兌，就之以求說也。比於在下之陽，枉己非道，就以求說，所以凶也。」（卷第六）

案：兌者，說也。陰本柔，居不正之位，又無中德，故為不中正之人。「說不以道」，謂其媚悅他人，「枉己非道」，不合中道也。

3. 極

三在下卦之上，或云「極」。極者，該卦所示之現象或意象，已達極致也。八卦象八象，故有八意，如《乾》象天，其動也健；《坤》象地，其動也順；《震》象雷，動之意；《巽》象風，柔之意；《坎》象水，險之意；《離》象火，文明之意；《艮》象山，止之意；《兌》象澤，說之意也。有象必有意，《十翼》傳其意象，程頤申其義理，故作《易傳》。考《程傳》以「極」論三爻者，九三、六三各有六卦。〔註24〕茲各舉一例如下：

（1）九三

〈明夷‧九三〉：「明夷于南狩，得其大首，不可疾貞。」

《程傳》：「九三，《離》之上，明之極也。又處剛而進。上六，《坤》之上，暗之極也。至明居下，而為下之上；至暗在上，而處窮極之地：正相敵應，將以明去暗者也。斯義也，其湯、武之事乎？」（卷第四）

案：《離》象火，火以明照，故有文明、明察之意。「明之極」，謂其具明察秋毫之才也。陽爻屬剛，故能剛決向前，無所畏懼。程頤於此爻，比之以湯、武故事，謂以明去暗，為革命提出義理之據，可見程頤非盲目維護政權者也。置於今日之民主政制，誰曰不宜？然上六無位，雖至暗，亦無所謂革命之事。蓋暗者在六五之君，不在無位之人也。程頤以湯、武之事喻之，似乎不類。不敢直指六五，其有所避諱歟？

〔註24〕論九三為「極」之六卦分別為：〈賁〉、〈大畜〉、〈明夷〉、〈大壯〉、〈夬〉及〈艮〉。論六三為「極」之六卦則為：〈觀〉、〈復〉、〈頤〉、〈晉〉、〈益〉及〈困〉。

（2）六三

〈益・六三〉：「益之用凶事，无咎。」

《程傳》：「三居下體之上，在民上者也，乃守令也。居陽應剛，處
　　　　　動之極。居民上而剛決，果於爲益者也。果於爲益，用之
　　　　　於凶事則无咎。凶事，謂患難非常之事。」（卷第五）

案：〈益〉（䷩），《震》下《巽》上。《程傳》：「益者，益於天下之道也。」
有利於天下者爲益。〈益〉下卦爲《震》，《震》意爲動，三居其上，故爲動之
極。三又爲臣位，程頤以「守令」喻之。人臣之道，在於順承上意，安可自
任，更何況「動極」？故程頤據卦辭之意，戒之於「凶事」則可，非「凶事」
則有咎矣。所謂「凶事」，「患難非常之事」也。《程傳》於其〈小象〉申之曰：

唯救民之凶災，拯時之急難，則可也。乃處急難變故之權宜，故得

无咎；若平時，則不可也。（同前）

救民於水火，乃刻不容緩之事，墨守成規而不知應變者，焉能濟其急難？故
須權宜之變，剛決之行。然六三爲柔，並無剛健之性，雖應其上九，亦爲被
動，恐無濟急之才也。以六三爲剛決，強爲之說，未合爻例。程頤似亦知之，
故特設問答之辭以釋之曰：

或曰：「三乃陰柔，何得反以剛果任事爲義？」曰：「三，質雖本陰，

然其居陽，乃自處以剛也。應剛，乃志在乎剛也。居動之極，剛果

於行也。以此行益，非剛果而何？《易》以所勝爲義，故不論其本

質也。」（同前）

陰之本質爲柔，但行事非必柔者，處剛而行剛，又與剛應，於益之時，即有
剛果決行之道也。所謂「以所勝爲義」，即以義理爲先。卦辭既有「益之用凶
事，无咎」之語，則急民之難，乃人臣之本分，雖剛決行事，有違君命，亦
可无咎矣。如於平日行其剛果之勇，則有咎也。所謂「不論其本質」，非眞不
論也，是於急民之難，其質或剛或柔，皆可爲之，故不論。陰非必小人，能
助陽者亦爲君子。於此爻，孟子民貴君輕之義，隱約可見。北宋諸儒治國之
理想，無不以蒼生爲念，張載之民胞物與，程顥之視民如傷，即反映於《程
傳》之中。程頤爲民請命之語，亦於《程傳》可見。程頤以王者勉君，以職
分曉臣，以道德說君子，其最終目的，不外乎在於治民也。故《易》，程頤乃
以爲民請命之書也。於北宋諸儒，其政治意義實大於學術意義。不具政治懷
抱而從事於《易》之研究，學者而已，非儒者之業，況又有等而下之者。

4. 終

終者，時事之將盡也。三爻居下卦之上，爲下體時事之將盡。《程傳》以時論三爻者甚少，四卦而已，而九三占三，六三得一，〔註 25〕茲各舉一例如下：

（1）九三

〈離・九三〉：「日昃之離，……。」

《程傳》：「九三居下體之終，是前明將盡，後明當繼之時。時之革易也，故爲『日昃之離』。日下昃之明也，昃則將沒矣。以理言之，盛必有衰，始必有終，常道也。達者順理爲樂。」（卷第三）

案：〈離〉（☲），爲《離》之重卦，《程傳》：「八純卦皆有二體之義。」而〈離〉爲「二明繼照」（卷第三）。九三之時，即前明將盡，而後明將繼。程頤利用此爻申論「盛必有衰，始必有終」之義理，而論人「順理爲樂」。再上層樓，爲人之所欲；然知道者通達，不汲汲求進，「順理爲樂」也。

（2）六三

〈未濟・六三〉「未濟，征凶，利涉大川。」

《程傳》：「三以陰柔不中正之才而居險，不足以濟；未有可濟之道、出險之用而征，所以凶也。然未濟，有可濟之道；險終，有出險之理。上有剛陽之應，若能涉險而往從之，則濟矣，故利涉大川也。然三之陰柔，豈能出險而往？非時不可，才不能也。」（卷第六）

案：〈未濟〉（☲），《坎》下《離》上。坎爲險，六三居其末，程頤故云「險終」。險終即可離險，轉而爲安。然三本陰柔，才不能也，故雖出（征）亦難安矣。然，如「涉險」以從「剛」，則爲有「利」。程頤似在暗示棄暗投明之意。於未濟之時，能棄暗投明則濟矣。然陰柔之質，「豈能出險而往」？故程頤嘆之，「非時不可，才不能也」！

（四）四爻

四爻已離下體，爲上體之下，下體之上矣，故程頤常以「居上」或「居上位」稱之。於位言，爲陰之正位，以陽居之爲不正；於人事言，五爲君，

〔註 25〕九三以終論者分別爲〈離〉、〈大壯〉及〈大過〉；六三則爲〈未濟〉。

故四爲近君之位。近君者,必爲公卿大臣,故亦以大臣之位稱之。六十四卦中,四爻陰陽亦各占三十二。陰陽性質本異,分居大臣之位,亦各有其宜也。茲分近君之位(居上位)、不中正或過中、當位或不當位及例外四類論之。

1. 近君之位(居上位)

以近君之位論者,計九四有十八卦,六四有二十一卦。〔註26〕茲各舉一例說明如下:

(1)九四

〈否·九四〉:「有命无咎。」

《程傳》:「四以陽剛健體,居近君之位,是有濟否之才,而得高位者也,足以輔上濟否。然當君道方否之時,處逼近之地,所惡在居功取忌而已。若能使動必出於君命,威柄一歸於上,則无咎,而其志行矣。」(卷第二)

案:〈否〉(䷋),《坤》下《乾》上。《程傳》釋其卦辭「不利君子貞,大往小來」曰:

夫上下交通,剛柔和會,君子之道也。《否》則反是,故不利君子貞。君子正道否塞不行也。大往小來,陽往而陰來也。小人道長,君子道消之象,故爲否也。(同前)

《否》爲天地不交之卦,在下三爻皆陰,爲群小之象,所謂「小人道長,君子道消」之時也,故處於近君之位,雖有濟否之才,群小在下環伺,程頤戒其謹愼從事,以免「居功取忌」。「動必出於君命」,乃无咎之道也。

(2)六四

〈小畜·六四〉:「有孚。」

《程傳》:「四於畜時,處近君之位,畜君者也。若內有孚誠,則五志信之,從其畜也。」(卷第一)

案:四爲臣位,人臣以承上順命爲其職分。然所謂「承上順命」,非一味以媚悅之道附會於上,而失其中正之德。故程頤藉〈小畜〉(䷈)之六四爻曉

────────────

〔註26〕九四之十八卦分別爲:〈履〉、〈否〉、〈大有〉、〈豫〉、〈隨〉、〈噬嗑〉、〈大過〉、〈離〉、〈晉〉、〈解〉、〈姤〉、〈萃〉、〈革〉、〈鼎〉、〈豐〉、〈兌〉、〈小過〉及〈未濟〉。六四之二十一卦分別爲:〈坤〉、〈屯〉、〈小畜〉、〈謙〉、〈臨〉、〈觀〉、〈剝〉、〈大畜〉、〈頤〉、〈習坎〉、〈明夷〉、〈蹇〉、〈損〉、〈益〉、〈升〉、〈井〉、〈艮〉、〈渙〉、〈節〉、〈中孚〉及〈未濟〉。

諭身爲大臣者，務必畜君之欲，使之歸於中正。神宗熙寧初，富弼嘗言於帝曰：「陛下臨御未久，當先布德澤，願二十年口不言兵，亦不宜重賞邊功。」〔註27〕神宗默然。程顥在時，熙寧年間爲監察御使裏行，神宗以理財爲急務，程顥每進見，必陳君道以至誠仁愛爲本，未嘗言及功利。〔註28〕二臣之論，皆擬畜君之欲者也。四爲近君之位，陰陽剛柔之臣臨近君位，各有所宜，而「孚誠」則爲共同之原則。「若內有孚誠」，可感上從己，使其私欲有所畜制。程頤於四爻之應用，可謂極盡發揮臣道之能事。留心治道者，不可不細讀也。

2. 不中正或過中

四本陰位，以陰爻居之爲當位，然過中，故有惕勵之勉。陽爻居之，不中不正，更屬不宜。統計程頤論四爻不中不正之卦，九四有十卦，六四有兩卦。〔註29〕茲各舉一例如下：

（1）九四

〈大壯・九四〉：「貞吉，悔亡。」

《程傳》：「四，陽剛長盛，壯已過中，壯之甚也；然居四爲不正，方君子道長之時，豈可有不正也？故戒以貞，則吉而悔亡。」（卷第四）

案：〈大壯〉（䷡），《乾》下《震》上。一至四爻皆陽，意味陽剛漸長至盛，故云「陽剛長盛」。四爲陰位，陽居之爲不正。尤於大壯之時，其壯已大，倘再過中，則易招悔吝，故程頤據爻辭之意，以貞正戒人。貞正則吉而悔亡，過剛則暴，非貞正之道也。

（2）六四

〈泰・六四〉：「翩翩，不富以其鄰，不戒以孚。」

《程傳》：「六四處泰之過中，以陰在上，志在下復；上二陰，亦志在趨下。翩翩，疾飛之貌。四，翩翩就下，與其鄰同也。鄰，其類也，謂五與上。夫人富而其類從者，爲利也。不富而從者，其志同也。三陰皆在下之物，居上乃失其實，其志皆欲下行，故不富而相從，不待告戒，而誠意相合也。」

〔註27〕《續資治通鑑》卷六十六，頁1619。

〔註28〕同前揭書，頁1677。

〔註29〕九四不中不正之十卦分別爲：〈訟〉、〈同人〉、〈大有〉、〈大壯〉、〈姤〉、〈困〉、〈震〉、〈豐〉、〈旅〉及〈未濟〉。六四過中二卦，爲〈比〉與〈泰〉。

（卷第二）

案：〈泰〉（䷊），《乾》下《坤》上。其卦辭曰：「小往大來，吉亨。」《程傳》
釋之曰：

> 小，謂陰。大，謂陽。往，往之於外也。來，來居於內也。陽氣下
> 降，上交也。陰氣和暢，則萬物生遂，天地之泰也。以人事言之，
> 大則君上，小則臣下；君推誠以任下，臣盡誠以事君，上下之志通，
> 朝廷之泰也。陽爲君子，陰爲小人；君子來處於內，小人往處於外，
> 是君子得位，小人在下，天下之泰也。（同前）

程頤以卦辭「小」爲陰而「大」爲陽，陰往下而陽往上，爲天地交泰之象也。
以人事言之，「大」則象人君，「小」則象人臣。人君推誠任下，人臣則至誠
事上，則爲朝廷之泰也。又陽爲君子，陰爲小人。君子在上位，居朝廷之內；
小人在下位，居朝廷之外，各得其所，則爲天下之泰也。此爲程頤理想之政
治狀態，故於〈泰卦〉詳言之。然陽爲君子，陰爲小人之說，乃義理易學之
內部約定，而於程頤則非必然者也。其嘗曰：「陰爲小人，利爲不善，不可一
概論。夫陰助陽以成物者，君子也；其害陽者，小人也。夫利和義者，善也；
其害義者，不善也。」〔註30〕陰非必小人，能助陽者，亦爲君子。〈泰〉之六
四，自知其德位不稱，能與其類「翩翩」而下，不以富相從，而甘處於外，
則上卦三陰爻皆爲君子矣。人性本善，其初應無君子小人之別，其異不在本
質之剛柔，亦不在地位之高下，而在於處事之行誼也。一念行義，即爲君子；
一念行惡，便是小人。董仲舒嘗云：「義之法在正我，不在正人。」〔註31〕能
正我者，皆君子也。

3. 當位或不當位

陰居四爲當位，或謂得其正位，而陽居之則不當位矣。然六四於三十二
卦中，只有八卦程頤謂其當位或正位；九四於三十二卦中，亦只有五卦謂其
不當位。〔註32〕茲各舉一例如下：

（1）當位

〈節・六四〉：「安節，亨。」

〔註30〕《程氏遺書》卷第十九，《二程集》頁249。
〔註31〕《春秋繁露義證》卷第八，〈仁義法〉第二十九，頁250。
〔註32〕六四當位或正位之卦分別爲：〈師〉、〈蠱〉、〈賁〉、〈復〉、〈家人〉、〈漸〉、〈巽〉
　　　　與〈節〉。九四不當位五卦：〈恆〉、〈睽〉、〈夬〉、〈歸妹〉與〈小過〉。

《程傳》：「四，順承九五剛中正之道，是以中正爲節也。以陰居陰，
　　　　　安於正也。當位，爲有節之象。……如四之義，非強節之，
　　　　　安於節者也，故能致亨。節以安爲善，強守而不安，則不
　　　　　能常，豈能亨也？」（卷第六）

案：〈節〉（䷻），卦名之義，爲節制、節止之意。《程傳》釋卦辭「節亨」曰：
「事既有節，則能致亨通，故節有亨義。」陰居四爲正位，故云「當位」。當
位之人，其節必正，故能安於節者也。節非刻意爲之；刻意則造作矣，焉有
亨通之理？《宋史》謂王安石於未貴時，自奉至儉，或衣垢不澣，面垢不洗，
世人多稱其賢。獨蘇洵以爲不近人情，作〈辯姦論〉以刺之。〔註33〕讀《程
傳》〈節・六四〉之義而思及此，不禁廢書而嘆！苦節以求倖進，雖得意於一
時，又豈能有終身亨通之理也？欲上進者，實足以爲深省。

（2）不當位

〈小過・九四・象〉：「弗過遇之，位不當也；往厲必戒，終不可長
　　　　　　　　　也。」

《程傳》：「位不當，謂處柔。九四當過之時，不過剛而反居柔，乃
　　　　　得其宜，故曰『遇之』，遇其宜也。以九居四，位不當也。
　　　　　居柔，乃遇其宜也。當陰過之時，陽退縮自保，足矣，終
　　　　　豈能長而盛也？故往則有危，必當戒也。」（卷第六）

案：陽居陰位，本屬不宜，故云「不當位」。然卦爲〈小過〉（䷽），《程傳》：
「過者，過其常也；若矯枉而過正，過所以就正也。」（卷第六）於其時則有
小過之事。陽本上進之物，過中則易犯錯，幸居柔位，得以柔制剛，故其剛
陽之性退縮，反而行止得宜，雖過亦無礙。「往厲必戒」，即戒九四勿再往前，
「過」事不能長也，終必有危故也。爻義因卦事而變，非能一例求之。程頤
解《易》，亦隨辭取義。

4. 例外

　不以臣位、當位與否、或不中正之義取者，計九四有〈乾〉、〈咸〉、〈遯〉
三卦，六四有〈蒙〉、〈需〉二卦。程頤以〈乾〉爲舜之卦，其九四爻爲「舜
之歷試時也。」（卷第一）〈咸・九四〉直言感道，感由心，程頤以爲「四在
中而居上，當心之位」。（卷第四）遯者，退也。〈遯・九四〉爻辭謂「好遯，

〔註33〕《宋史》卷三百三十七，〈王安石傳〉頁 10550。

君子吉，小人否。」程頤以爲君子當「克己復禮，以道制欲」，「義苟當遯，
去而不疑」；小人則不能以義而去，故爲否也。（同前）〈蒙‧六四〉之「困蒙」，
程頤以爲乃愚蒙之人。（卷第一）愚蒙之人，安可居大臣之位也？〈需〉上卦
爲《坎》，程頤以爲陰柔處險，「傷於險難者也」。（卷第一）以上五爻所指，
皆有實質之義，非前三類可以範圍之，故列爲例外焉。

（五）五爻

五爲君位，又稱尊位，然亦有例外者。陰陽處五爻之位，亦各三十二卦。
《程傳》以九五爲君位者三十卦，〔註34〕餘爲例外，〈同人〉與〈遯〉也；六
五爲君位者二十七，〔註35〕例外者爲〈坤〉、〈恆〉、〈明夷〉、〈鼎〉、〈旅〉等
五卦。九居君位，爲居中得正；六居尊位，不以小人論，小人豈可居大位也。
茲分九五、六五與例外三類論述如下：

1. 九五

九居君位，具陽剛中正之德，爲程頤理想之聖王，故以大德之君或大人
稱之。茲以〈乾‧九五〉爲例說明之：

〈乾‧九五〉：「飛龍在天，利見大人。」

《程傳》：「進位乎天位也。聖人既得天位，則利見在下大德之人，
　　　　　與共成天下之事。天下固利見夫大德之君也。」（卷第一）

案：程頤以〈乾〉（䷀）爲舜事之卦，故釋「飛龍在天」爲聖人得天位。大
人者，大德之人也。〈乾〉大德之人有二，一指無位之舜，一指有位之堯。〈乾〉
卦九二、九五爻辭皆有「利見大人」之語，二與五應，故《程傳》謂九二：「利
見大德之君，以行其道；君亦利見大德之人，以共成其功。」（卷第一）二爲
地道，舜德已顯之時，然尙爲民，非臣也，而程頤以臣稱之，乃「溥天之下，
莫非王臣」之意。而其時堯在位，爲大德之君也。民有大德，可居尊位，故
舜能繼堯成大德之君矣。大人，程頤乃取孟子義。孟子曰：「有大人者，正己

〔註34〕九五君位分別爲：〈乾〉、〈屯〉、〈需〉、〈訟〉、〈比〉、〈小畜〉、〈履〉、〈否〉、〈隨〉、
　　　　〈觀〉、〈无妄〉、〈大過〉、〈習坎〉、〈咸〉、〈家人〉、〈蹇〉、〈益〉、〈夬〉、〈姤〉、
　　　　〈萃〉、〈困〉、〈井〉、〈革〉、〈漸〉、〈巽〉、〈兌〉、〈渙〉、〈節〉、〈中孚〉與〈既
　　　　濟〉等三十卦。
〔註35〕六五君位分別爲：〈蒙〉、〈師〉、〈泰〉、〈大有〉、〈謙〉、〈豫〉、〈蠱〉、〈臨〉、
　　　　〈噬嗑〉、〈賁〉、〈剝〉、〈復〉、〈大畜〉、〈頤〉、〈離〉、〈大壯〉、〈晉〉、〈睽〉、
　　　　〈解〉、〈損〉、〈升〉、〈震〉、〈艮〉、〈歸妹〉、〈豐〉、〈小過〉與〈未濟〉等
　　　　二十七卦。

而物正者也。」（〈盡心上〉）又曰：「居仁由義，大人之事備矣。」（同前）又《二程遺書》卷第十八嘗載程頤論大人之義曰：

孔子嘗論堯、舜矣，如曰：「惟天爲大，惟堯則之。」如此等事甚大，惟堯、舜可稱也。〔註36〕

堯、舜則天之意，體天之道，居仁由義而治天下，與天同大，爲孔孟理想之聖王，程頤於〈乾〉之六爻，發揮此義。民可爲君，凡可爲聖，端視乎其是否能具大人之德爾。大人之德，居仁由義也。

2 六五

六居五，以陰居陽，不當位，爲不正。然以柔居剛，五爲中位，故能得中，乃有中德者也。人君而有中德，則不失正矣。前已論之，程頤嘗有中重於正之說，以爲天下之理，莫善於中也。茲以〈升〉之六五爲例說明之：

〈升・六五〉：「貞吉，升階。」

《程傳》：「五，以下有剛中之應，故能居尊位而吉。然質本陰柔，必守貞固，乃得其吉也。若不能貞固，則信賢不篤，任賢不終，安能吉也？」（卷第五）

案：《程傳》：「升者，進而上也。」六已居尊位，再無上位可進矣，然非無「進而上」之道也。六居君位，本質雖然陰柔，若能固守其中德，信賢任賢，貞固守之，亦能得吉；否則「信賢不篤，任賢不終」，豈能得吉也？程頤再於其〈小象〉下申之曰：

倚任賢才，而能貞固，如是而升，可以致天下之大治，其志可大得也。君道之升，患无賢才之助爾；有助，則由自階而升也。（同前）

君之責在於安民，由亂而治。故君道之升，在於「致天下之大治」也。致天下之大治，必須「倚任賢才」，方得其志。君臣共治之意，與〈乾〉之九二、九五同也。陰質本柔，恐難至遠，程頤懼其中道而廢，故以「貞固」勉之。「升階」之意，用賢也。以賢者爲階梯可升至太平之境；任賢之道大矣哉！

3. 例外

不以君位取意，九五爲〈同人〉與〈遯〉，六五爲〈坤〉、〈恆〉、〈明夷〉、〈鼎〉與〈旅〉。茲分別列出，並論述於後。

〈同人・九五〉（☲）

〔註36〕《二程集》頁213。

《程傳》:「九五君位,而爻不取人君同人之義者,蓋五專以私暱應
　　　　於二,而失其中正之德。人君當與天下大同,而獨私一人,
　　　　非君道也。」(卷第二)

〈遯‧九五〉(䷠)

《程傳》:「遯非人君之事,故不主君位言。」(卷第四)

〈坤‧六五〉(䷁)

《程傳》:「陰者,臣道也,婦道也。」(卷第一)

〈恆‧六五〉(䷟)

《程傳》:「五,君位,而不以君道言者,如六五之義,在丈夫猶凶,
　　　　況人君之道乎?在它卦,六居君位而應剛,未爲失也;在
　　　　恆,故不可耳。君道豈可以柔順爲恆也?」(卷第四)

〈明夷‧六五〉(䷣)

《程傳》:「五爲君位,乃常也。然《易》之取義,變動隨時。上六
　　　　處坤之上,而明夷之極,陰暗傷明之極者也。五切近之,
　　　　聖人因以五爲切近至暗之人,以見處之之義,故不專以君
　　　　位言。」(同前)

〈鼎‧六五〉(䷱)

《程傳》:「五在鼎上,耳之象也。」(卷第五)

〈旅‧六五〉(䷷)

《程傳》:「五,君位;人君无旅,旅則失位,故不取君義。」(卷第
　　　　六)

案:上列七卦,〈同人‧六二〉爻辭謂「同人于宗」,前已論之。《程傳》:「宗,
謂宗黨也。同於所系應,是有所偏與,在同人之道爲私,狹矣。」六二又與
九五相應,故如以九五爲君,則君與私應,非程頤所許也。天子應以天下爲
公,獨私一人一族,非君道,故九五雖以陽剛居尊位,不以君論。在位者讀
之,豈無警惕之思歟?〈遯〉爲隱退之卦,人君無隱退之事,故〈遯‧九五〉
不主君位。然《程傳》於「不主君位」後繼之又曰:「然人君之所遠避,乃遯
也,亦在中正而已。」易「隱退」爲「遠避」,以爲人君之遯;然無申論,不
知其所指也。古之帝王離京避禍,文之爲「巡狩」,或此之謂歟?惟過而避,

已非小失，又何中正之有？〈坤〉以柔順爲美，故爲臣道、婦道。《程傳》於〈坤·六二〉云：「二，坤之主，故不取五應，不以君道處五也。」二爲〈坤〉之主爻，故不以五爲君。〈恆·六五〉爻辭云：「恆其德，貞。婦人吉，夫子凶。」六五以柔順爲德，故婦人吉而夫子凶。〈恆〉爲恆久之意，程頤以爲，「君道豈可以柔順爲恆也？」故不以君位解之。〈明夷·六五〉爻辭云：「箕子之明夷。」則其爻爲箕子之事。程頤以上六爲「陰暗傷明之極」，人君豈可近之？故不以君位言。隨時取義，亦反映程頤忠君之意也。〈鼎·六五〉爲鼎「耳之象」，故《程傳》不以君位言之。〈旅〉卦言行旅之事，《程傳》謂「失其所安」，故謂「人君无旅，旅則失位，故不取君義。」〈遯〉之「遠避」，即「行旅」之意也。然程頤不採〈遯〉卦之意，不欲人君有行旅之事也。綜合言之，程頤不以九五、六五爲君位，或牽於爻辭之意，或寄寓政治之理想，隨辭取義，亦隨意取義也。程頤託《易》申志，如斯而已矣。

（六）六爻

六爻居上卦之上，以事之發展言，爲事之終；以上卦之象言，爲一體之極。故王弼以爲，初與上是「體之終始，事之先後」也。〔註37〕然其主初、上無陰陽定位之說，程頤嘗辯之，曰：「王弼以爲无陰陽之位。陰陽繫於奇耦，豈容无也？」（卷第三）考〈彖〉、〈象〉二傳，亦有初、上「當位」、「不當位」之論。如〈彖〉論〈既濟〉卦辭「利貞」曰：「利貞，剛柔正而位當也。」（卷第六）剛正，指陽爻居初、三、五位；柔正，指陰爻居二、四、上位。〈既濟〉（䷾）六爻皆當位，陰陽各得其所，故初、上皆有陰陽之位。〈小象〉論〈需·上九〉曰：「雖不當位，未大失也。」《程傳》曰：「不當位，謂以陰而在上也。爻以六居陰爲所安。」（卷第一）上以陰居爲宜，〈需〉上九爲陽，故〈小象〉謂其「不當位」。由是知之，王弼言初、上無陰陽定位之說，非覈實之論也。位者，貴賤之地，王弼與程頤之意皆同。然弼鮮以爻位論臣道者，故不言祿位，而程頤則以《易》論君臣之道，故以爻位言祿位。初爲地道之下，位卑之人也，故爲下臣、下民。上已過五，五既爲君位，君位之上，豈容又有高於君位者？故上亦不以有祿位論。以陰陽之位考之，六十四卦中，以陰陽居上爻者亦各三十二，以終、極論者，上九占二十七卦，〔註38〕上六占三十卦，

〔註37〕《周易略例·辯位》，《王弼集校釋》頁613。
〔註38〕上九二十七卦分別爲：〈乾〉、〈蒙〉、〈訟〉、〈小畜〉、〈履〉、〈否〉、〈大有〉、〈蠱〉、〈噬嗑〉、〈賁〉、〈剝〉、〈无妄〉、〈大畜〉、〈離〉、〈晉〉、〈家人〉、〈睽〉、〈損〉、

〔註39〕共五十七卦。餘七卦爲例外，或云在外，或云處上。〔註40〕茲分別舉例論之如下：

1. 終、極

（1）上九

〈否‧上九〉：「傾否，先否後喜。」

《程傳》：「上九，否之終也。物理極而必反，故泰極則否，否極則泰。上九否既極矣，故否道傾覆而變也。先極，否也；後傾，喜也。否傾則泰矣，後喜也。」（卷第二）

案：「否極泰來」一詞，典出於《易》。人事之否，其終極後泰即隨來，物理循環之道也。自然之理如此，程頤藉〈否卦〉（☷☰）申其意。後喜者，勉人稍安勿躁也，否過而後有喜。凡事欲速則不達，處於否時，小人道長，君子道消，貞正之道不行，君子更宜守正自安。《程傳》於其卦辭亦嘗申之曰：「泰極則復，否極則傾。无常而不變之理，人道豈能无也？既否則泰矣。」（卷第二）

（2）上六

〈豫‧上六〉：「冥豫成。有渝，无咎。」

《程傳》：「上六陰柔，非有中正之德，以陰居上，不正也。而當豫極之時，以君子居斯時，亦當戒懼，況陰柔乎？乃耽肆於豫，昏迷不知反者也。在豫之終，故爲昏冥已成也。若能有渝變，則可以无咎矣。在豫之終，有變之義。人之失，苟能自變，皆可以无咎；故冥雖已成，能變則善也。聖人發此義，所以勸遷善也；故更不言冥之凶，專言渝之无咎。」（卷第二）

案：〈豫〉（☷☳），卦名之義，樂也。享樂至極，必生災變，故程頤以〈豫〉之上六戒人改過遷善，不待凶至。於此爻值得討論者，爲程頤不以陰柔居上

〈益〉、〈姤〉、〈鼎〉、〈艮〉、〈漸〉、〈巽〉、〈渙〉、〈中孚〉與〈未濟〉。

〔註39〕上六三十卦分別爲：〈坤〉、〈屯〉、〈需〉、〈師〉、〈比〉、〈泰〉、〈謙〉、〈豫〉、〈隨〉、〈臨〉、〈復〉、〈大過〉、〈習坎〉、〈咸〉、〈艮〉、〈大壯〉、〈明夷〉、〈蹇〉、〈解〉、〈夬〉、〈升〉、〈困〉、〈革〉、〈震〉、〈歸妹〉、〈豐〉、〈兌〉、〈節〉、〈小過〉與、〈既濟〉

〔註40〕例外七卦，上九爲〈同人〉、〈觀〉、〈頤〉、〈遯〉與〈旅〉；上六爲〈萃〉與〈井〉。

為正，似違爻例。六為陰之正位，雖不中，亦不至於不正也。既居正位，雖成「冥豫」，尚能戒懼知反者也，故「有渝」，亦可「无咎」矣。「渝」為變，豫極而知變，乃正位之德，能發揮此德，雖一時糊塗，知錯能改，亦可以无咎也。无咎者，本應有咎，行其德則可免於咎也。此解既通，又符爻例。

2. 例外

不以終、極論者有七卦。此七卦之上爻別具深意，故逐一而論之也。

（1）上九

〈同人・上九〉：「同人于郊，无悔。」

《程傳》：「郊，在外而遠之地。求同者必相親相與，上九居外而无應，終无與同者也。始，有同則至；終，或有睽悔。處遠而无與，故雖无同，亦无悔。雖欲同之志不遂，而其終无所悔也。」（卷第二）

案：〈同人〉（☲），卦名之義，與人同也，求親比之事也。求親比之道，或以公心，或以私利。《程傳》釋卦義曰：「夫同人者，以天下大同之道，則聖賢大公之心也。常人之同者，以其私意所合，乃暱比之情耳。」〈同人・上九〉不以終極論，蓋同人無所謂終極者，但有遇則合，無遇則不合爾。程頤以「居外」論其上九，蓋由爻辭有「于郊」一語。于郊，在外而遠者也。在外而遠，無人可同，無得亦無失，故亦「无悔」。其〈小象〉曰：「志未得也。」《程傳》申之：「居遠莫同，故終无所悔。然而在同人之道，求同之志不得遂，雖无悔，非善處也。」雖非善處，君子以德為上，無位雖不得已，亦安之而已。

〈觀・上九〉：「觀其生，君子无咎。」

《程傳》：「上九以剛陽之德處於上，為下之所觀，而不當位，是賢人君子不在於位，而道德為天下所觀仰者也。觀其生，觀其所生也；謂出於己者，德業行義也。既為天下所觀仰，故自觀其所生，若皆君子矣，則无過咎也；苟未君子，則何以使人觀仰矜式？是其咎也。」（卷第三）

案：《程傳》釋〈觀〉（☶）之義有二：「人君上觀天道，下觀民俗，則為觀（平聲）；修德行政，為民瞻仰，則為觀（去聲）。」上爻乃無位之地，九居之，故為無位之君子。君子以道德為民稱仰，故有可觀，宜居上爻也。程頤又於其〈小象〉戒之曰：「不可以不在於位故，安然放意，无所事也。」君子

既以德稱，有位固德，無位亦德。孔子所謂「造次必於是，顛沛必於是」（《論語・里仁》）也。

〈頤・上九〉：「由頤，厲吉，利涉大川。」

《程傳》：「上九以剛陽之德，居師傅之任；六五之君，柔順而從於己，賴己之養，是當天下之任，天下由之以養也。以人臣而當是任，必常懷危厲則吉也。如伊尹、周公，何嘗不憂勤兢畏，故得終吉。」（卷第三）

案：〈頤〉（䷚）之上九以陽剛之德而居無位之地，程頤許以「師傅之任」，乃申荀子「隆君師」之義也。程頤嘗為少帝師，每進講前夕，必沐浴更衣，期以至誠感動人主，所謂「以人臣而當是任，必常懷危厲」者也。觀此爻義，乃知為夫子自道之辭。然上九既無祿位，又豈能以「伊尹」、「周公」喻之？輔臣雖身兼師傅之位，亦屬不宜。程頤以布衣之身當少帝之師，或可以當之也。然《程傳》自作，又豈能自褒其美者耶？

〈遯・上九〉：「肥遯，无不利。」

《程傳》：「肥者，充大寬裕之意。遯者，唯飄然遠逝，无所係滯之為善。上九乾體剛斷，在卦之外矣；又下无所係，是遯之遠而无累，可謂寬綽有餘裕也。遯者，窮困之時也，善處則為肥矣。其遯如此，何所不利？」（卷第四）

案：〈遯〉（䷠），卦辭曰：「亨，小利貞。」《程傳》：「遯者，陰長陽消，君子遯藏之時也。君子退藏以伸其道，道不屈則為亨，故遯所以有亨也。」（卷第四）上九居無位之地，正是君子「飄然遠逝」之時。君子之所以遯，乃於政治「窮困之時」，善處其道，故得「肥」義。肥者，「无所係滯」，自得其樂也。人在江湖，心存魏闕，仍有係累，不得謂之肥。程頤謂「在卦之外」，已離紅塵矣。程頤之友邵雍以《易》數自樂其道，以大名隱居洛陽，不問政治，正是「在卦之外」。程氏兄弟雖不學其數，而未嘗不欽佩其為人。〔註41〕

〈旅・上九〉，〈象〉曰：「以旅在上，其義焚也。」

《程傳》：「以旅在上，而以尊高自處，豈能保其居？其義當有焚巢之事。方以極剛自高，為得志而笑，不知喪其順德於躁易，

〔註41〕程顥有〈邵堯夫先生墓誌銘〉，謂其「德氣粹然，望之可知其賢」。文見《二程集》，頁 502 至 504。

是終莫之聞，謂終不自聞知也。使自覺知，則不至於極而
號咷矣。陽剛不中而處極，固有高亢躁動之象；而火復炎
象，則又甚焉。」（卷第六）

案：〈旅〉爲「旅困之時。」古人安土重遷，旅居在外乃非不得已而爲者，故
旅有困義。人於此時，雖持陽剛之德，亦不宜自鳴其高，過於亢進；否則易
招嫉妒，失其安居。〈旅〉（䷷），《艮》下《離》上。《離》居山上，九又居
《離》上，「高亢」之極，「躁動」之極也。加之《離》爲火，火性炎上，故
「高亢躁動之象」更甚。如不知戒，則「鳥焚其巢」（〈旅・上九〉爻辭）矣。
鳥巢已毀，豈得安居？程頤戒人於旅困之時，宜謙遜而愼處也。

（2）上六

〈萃・上六〉：「齎咨涕洟，无咎。」

《程傳》：「六，說之主。陰柔小人，說高位而處之，天下孰肯與也？
求萃而人莫之與，其窮至於齎咨而涕洟也。齎咨，咨嗟也。
人之絕之，由己自取，又將誰咎？爲人惡絕，不知所爲，
則隕穫而至嗟涕，眞小人之情狀也。」（卷第五）

案：〈萃〉（䷬），《坤》下《兌》上。《兌》爲說。說者，悅也。《程傳》謂
〈萃〉之上六爲「說之主」，則善爲取悅於人矣。陰爲小人，小人莫不悅高
位。然五爻爲九，剛明之君也，以媚悅而企獲高位，九五豈能不識？縱九五
失其明智，天下人又豈能許與之也？程頤不言九五之君拒之，而改稱「天
下」，蓋有所諱焉；千夫所指，又豈是在位者所能獨專者也。民意重於君意，
隱約可見。小人既不得其志，故「齎咨而涕洟也」。程頤復於其〈小象〉申
論之曰：

君子愼其所處，非義不居；不幸而有危困，則泰然自安，不以累其
心。小人居不擇安，常履非據；及其窮迫，則隕穫躁撓，甚至涕泣，
爲可羞也。（同前）

君子進退有據，小人知進而不知退，貪得無厭。程頤應用此爻，可謂極盡小
人之情狀矣。

〈井・上六〉：「井收勿幕，有孚，元吉。」

《程傳》：「井以上出爲用，居井之上，井道之成也。收，汲取也。
幕，蔽覆也。取而不蔽，其利无窮。井之施，廣矣！大矣！

> 有孚，有常而不變也。博施而有常，大善之吉也。夫體井之用，博
> 施而有常，非大人孰能？他卦之終，爲極爲變，唯井與鼎終，乃爲
> 成功，是以吉也。（卷第五）

案：本爻程頤不以陰位論，而別出一理，以井之爲用，在於利民無窮，乃申
博施濟眾之義。「孚」者，信也。信爲五常之道，故於此又申之爲「常」。博
施濟眾，即養民安民之意，爲王者恆常不易之大義也。他卦，以終爲極爲變；
於〈井〉，則以終爲成。成者，成博施濟眾之功也。〈鼎〉有革物之義，除惡
務盡，故其上九亦以成功爲勉。〈革卦〉亦如是，程頤漏言之。孔子以德行言
《易》，程頤則關心治道，廓而充之，以《易》爲治國之書。修身與治國，本
爲一體，又豈可須臾離也。

第二節　程頤對應比相與之理解與應用

應比之說，源於〈彖〉、〈象〉二傳。〈下繫〉曰：「爻也者，效天下之動
者也。」（第三章）一卦有六爻，六爻既效天下之動，則觀其相應相比之象，
即諳人事之變化；適時之變，則趨吉避凶之道明矣。王弼曰：「觀爻思變，變
斯盡矣。」（〈明卦適變通爻〉）變既斯盡，則人事應用之道，亦盡在於六爻互
動之中矣。茲以應與比分論《程傳》之應用。

一、應

應與比本於爻位。六十四卦皆由二經卦重疊而成，上下卦之第一爻對應，
爲同位，其餘二、三爻亦分別對應，亦各爲同位。重疊後即成初、四，二、
五，三、上三組，同組即同位。同位之爻，陰陽互異者爲相應，或稱相與；
陰陽皆同者爲敵應，或稱不相與。而〈乾〉、〈坤〉純體，程頤以爲，不論陰
陽，皆以位爲相應。（卷第一）考〈屯〉以下六十二卦，初、四爻相應、二、
五爻相應、三、上爻相應者，各均爲三十二卦，而陽爻在下陰爻在上與陰爻
在下陽爻在上者各皆占十六，〔註42〕其排列可謂相當整齊。應者，呼應之謂。

〔註42〕初、四相應而陽爻在下，陰爻在上者十六卦：〈屯〉、〈需〉、〈小畜〉、〈泰〉、〈臨〉、
〈賁〉、〈復〉、〈大畜〉、〈頤〉、〈明夷〉、〈家人〉、〈損〉、〈益〉、〈節〉、〈中孚〉
與〈既濟〉。陰爻在下而陽爻在上者十六卦：〈訟〉、〈否〉、〈豫〉、〈大過〉、〈咸〉、
〈恆〉、〈遯〉、〈晉〉、〈解〉、〈姤〉、〈革〉、〈困〉、〈鼎〉、〈旅〉、〈小過〉與〈未
濟〉。

王弼曰：「夫應者，同志之象也。」（〈明卦適變通爻〉）六爻以同位相呼應，而又以陰陽相異者爲正應，即王弼所謂「同志」也。陰陽相同者爲敵應，敵應則非同志矣。程頤解《易》，或依爻例，或違爻例，不能以一概論。有爻雖相應而不以相應解者，亦有以爲無應者。茲分三組論述如下：

（一）初、四爻

初、四爻下陽上陰有十六卦，程頤以相應解者十一卦，不以相應解者五卦；〔註43〕下陰上陽以相應解者十三卦，不以相應解者三卦。〔註44〕茲各舉一例以明之：

1. 正應

（1）下陽上陰之例

〈臨・初九〉：「咸臨，貞吉。」

《程傳》：「咸，感也。陽長之時，感動於陰：四應於初，感之者也，
　　　　　比它卦相應尤重。

　　　　　「四，近君之位。初得正位，與四感應，是以正道爲當位
　　　　　所信任，得行其志。獲乎上而得行其正道，是以吉也。它
　　　　　卦，初、上爻不言得位、失位，蓋初、終之義爲重也。臨，
　　　　　則以初得位居正爲重。」（卷第三）

案：〈臨〉（䷒），初九與六四相應，程頤以爲「四應於初」也。六四之所以

二、五相應而陽爻在下，陰爻在上者十六卦：〈蒙〉、〈師〉、〈泰〉、〈大有〉、〈蠱〉、
　〈臨〉、〈大畜〉、〈恆〉、〈大壯〉、〈睽〉、〈解〉、〈損〉、〈升〉、〈鼎〉、〈歸
　妹〉與〈未濟〉。陰爻在下而陽爻在上者十六卦：〈屯〉、〈比〉、〈否〉、〈同
　人〉、〈隨〉、〈觀〉、〈无妄〉、〈咸〉、〈遯〉、〈家人〉、〈蹇〉、〈益〉、〈萃〉、
　〈革〉、〈漸〉與〈既濟〉。

三、上相應而陽爻在下，陰爻在上者十六卦：〈需〉、〈泰〉、〈謙〉、〈大過〉、〈咸〉、
　〈恆〉、〈大壯〉、〈明夷〉、〈蹇〉、〈夬〉、〈升〉、〈井〉、〈革〉、〈豐〉、〈小
　過〉與〈既濟〉。陰爻在下而陽爻在上者十六卦：〈蒙〉、〈訟〉、〈履〉、〈否〉、
　〈觀〉、〈噬嗑〉、〈剝〉、〈无妄〉、〈頤〉、〈晉〉、〈睽〉、〈損〉、〈益〉、〈渙〉、
　〈中孚〉與〈未濟〉。

〔註43〕陽爻在下，陰爻在上，以相應論初、四者十一卦，分別爲：〈屯〉、〈小畜〉、〈臨〉、
　〈賁〉、〈復〉、〈大畜〉、〈頤〉、〈損〉、〈益〉、〈節〉與〈既濟〉；不以相應論者
　五卦，分別爲：〈需〉、〈泰〉、〈明夷〉、〈家人〉與〈中孚〉。

〔註44〕陰爻在下，陽爻在上，以相應論初、四者十三卦，分別爲：〈訟〉、〈豫〉、〈大
　過〉、〈咸〉、〈恆〉、〈遯〉、〈解〉、〈萃〉、〈困〉、〈鼎〉、〈旅〉、〈小過〉與〈未
　濟〉；不以相應論者三卦：〈否〉、〈晉〉與〈姤〉。

應於初九，乃因初九爲陽剛居「正位」，行其「正道」，爲六四所感動。四爲近君之位，乃輔弼大臣。咸者，感也。大臣受感於下位之人，薦以不次，即爲「咸臨」之義，故初九能「得行其志」而獲「吉」。在位者禮賢下士，君子得用，爲程頤之政治理想，故特用〈臨〉之初九以申其義理。它卦之初、上二爻多以初、終爲義，不言得位、失位；而〈臨〉之初九「則以初得位居正爲重」，程頤之深意顯然可見。

（2）下陰上陽之例

　　〈未濟·初六〉：「濡其尾，吝。」

　　《程傳》：「六以陰柔在下，處險而應四。處險，則不安其居；有應，則志行於上。然己既陰柔，而四非中正之才，不能援之以濟也。獸之濟水，必揭其尾，尾濡則不能濟。濡其尾，言不能濟也。不度其才力而進，終未能濟，可羞吝也。」（卷第六）

案：〈未濟〉（䷿），初六與九四爲相應，然二爻相應而不相得，故爲未濟之義。何以陰陽相應而不相得？蓋因九四處非其位也。處非其位，無中正之才，故不能援初。程頤以爲，爻辭以「獸之濟水」爲喻，「濡其尾」者，即不能濟矣。因而戒之曰：「不度其才力而進，終未能濟，可羞吝也。」程頤復於其〈小象〉申之曰：「不度其才力而進，至於濡尾，是不知之極也。」人貴自知，自知則明，明則不妄動矣。

2. 相應而不以相應解者

相應而不以相應解者，下陽上陰與下陰上陽共八卦，茲各舉一例如下：

（1）下陽上陰之例

　　〈家人·初九〉：「閑有家。悔亡。」

　　《程傳》：「初，家道之始也。閑，謂防閑法度也。治其有家之始，能以法度爲之防閑，則不至於悔矣。」

　　〈家人·六四〉：「富家。大吉。」

　　《程傳》：「六以巽順之體而居四，得其正位。居得其正，爲安處之義。巽順於事，而由正道，能保有其富者也。居家之道，能保有其富，則爲大吉也。四，高位，而獨云『富』者，於家而言。高位，家之尊也；能有其富，是能保其家也，

　　　　　吉孰大焉？」（卷第四）

案：〈家人〉（☲☴），初九與六四相應，程頤卻無相應之義。以「家道之始」釋初，直解爻辭之義理。六四居正位，能行正道，故能保其家富。四，近君之位，程頤卻不以大臣解之，以在家故也；亦隨辭取義之意。

（2）下陰上陽之例

　　〈晉·初六〉：「晉如，摧如，貞吉。……」

　　《程傳》：「初居晉之下，進之始也。晉如，升進也。摧如，抑退也。於始進而言，遂其進、不遂其進，唯得正則吉也。」

　　〈晉·九四〉：「晉如鼫鼠，貞厲。」

　　《程傳》：「以九居四，非其位也；非其位而居之，貪據其位者也。貪處高位，既非所安，而又與上同德，順麗於上。

　　　　　「三陰皆在己下，勢必上進，故其心畏忌之。貪而畏人者，鼫鼠也，故云『晉如鼫鼠』。貪於非據，而存畏忌之心，貞固守此，其危可知。言貞厲者，開有改之道也。」（卷第四）

案：〈晉〉（☲☷），初六與九四相應，程頤亦無相應之義。〈序卦〉曰：「晉者，進也。」程頤取初爻爲「進之始」，勉人進退有據，以「正」爲吉。四爲高位，雖九居之，非其位也。程頤斥其「貪處高位」。所謂「順麗於上」者，即媚悅人主而得位者也。既得其位，又懼在下之三陰環伺，心存畏忌，有如「鼫鼠」。程頤既貶其人，復勉其貞正，戒之深矣。由此爻例觀之，陽亦非必爲君子。蓋君子、小人之異，不在陰陽之本質，而在於行事也。以君子之態度應事，陰柔之人亦可以爲君子；以小人之態度接物，陽剛之人亦難免遭小人之譏。程頤不以陰必小人、陽必君子之成例約束，可謂知達變者也。

　　3. 敵應

　　　〈屯〉以下六十二卦，初、四爻相應者三十二，敵應者三十。初、四爻皆陽與初、四爻皆陰者各占十五。〔註45〕茲各舉一例明之：

────────────────

〔註45〕初、四爻上下皆剛十五卦，分別爲：〈履〉、〈同人〉、〈大有〉、〈隨〉、〈噬嗑〉、〈无妄〉、〈離〉、〈大壯〉、〈睽〉、〈夬〉、〈革〉、〈震〉、〈歸妹〉、〈豐〉與〈兌〉。上下皆柔者：〈蒙〉、〈師〉、〈比〉、〈謙〉、〈蠱〉、〈觀〉、〈剝〉、〈坎〉、〈寒〉、〈升〉、〈井〉、〈艮〉、〈漸〉、〈巽〉與〈渙〉。

（1）初、四爻皆陽

〈大有・初九〉：「无交害，匪咎；艱則无咎。」

《程傳》：「九居大有之初，未至於盛，處卑无應與，未有驕盈之失；
故无交害，未涉於害也。大凡富有，鮮不有害；以子貢之
賢，未能盡免，況其下者乎？」

〈大有・九四〉：「匪其彭，无咎。」

《程傳》：「九四居大有之時，已過中矣，是大有之盛者也。過盛則
凶，咎所由生也。故處之之道，匪其彭，則得无咎。謂能
謙損，不處其大盛，故得无咎也。四，近君之高位，苟處
太盛，則致凶咎。」（卷第二）

案：〈大有〉（䷍），初、四爻皆陽，敵應。敵應者，非敵對爲仇，互相排斥
之謂也；而是各行其是，不相應援，如陌路之人爾。大有即富有。人之富有，
忌在驕盈；惟在其初，處於未盛之時，尚知以卑自處，故能「无交害」也。
及至九四，大有過盛，凶險將至，故程頤以爲，爻辭「匪其彭」爲勉辭。彭
者，程頤舉《詩經・載驅》云：「汶水湯湯，行人彭彭。」謂：「行人盛多之
狀。」（卷第二）則彭爲盛多之意。「匪其彭」，勉人於大有之時，處之之道，
宜謙損自抑，勿過盛也。不過盛，則凶咎不至矣。四，近君之位，古人有「功
高震主」之說，事之發展至此，必有大凶，由漸而盛故也。〈大有〉之初、四，
取其漸盛之義，程頤藉《易》之勉人如此。

（2）初、四爻皆陰

〈艮・初六〉：「艮其趾，无咎，利永貞。」

《程傳》：「六在最下，趾之象。趾，動之先也。艮其趾，止於動之
初也。事止於初，未至失正，故无咎也。以柔處下，當止
之時也。行則失其正矣，故止乃无咎。陰柔，患其不能常
也，不能固也；故方止之初，戒以利在常永貞固，則不失
止之道也。」

〈艮・六四〉：「艮其身，无咎。」

《程傳》：「四，大臣之位，止天下之當止者也。以陰柔而不遇剛陽
之君，故不能止物，唯自止其身，則可无咎。所以能无咎
者，以止於正也。言止其身无咎，則見其不能止物；施於

政，則有咎矣。在上位而僅能善其身，无取之甚也。」（卷第六）

案：〈艮〉（☶）初、四爻皆陰，敵應。〈艮〉爲山之象，山乃靜止不動者，故有止義。其初爻辭爲「艮其趾」；「趾」，足趾也，爲人體最下之端，故《程傳》謂：「六在最下，趾之象。」〈艮〉爻辭多以人體爲喻，如六二之「艮其腓」、九三之「列其夤」、六四之「艮其身」者是也。其爻辭結構，有由低而高之意。陰居初爲正位，當止之時，亦以止爲正，然程頤懼其「不能常」也，故以爻辭勉之：「戒以利在常永貞固，則不失止之道也。」四爲大臣之位，爻辭爲「艮其身」。「艮其身」者，僅止於其身而已。身爲大臣，應以治國爲念，上輔人君，下止於物。止物者，治亂之意。大臣安可以僅止於己身而自足也？故程頤又於其〈小象〉直言之曰：

　　　不能爲天下之止，能止於其身而已，豈足稱大臣之位也？

僅「止其身」，獨善其身而已，一般士人即可爲之。身居大臣之位，享受國家俸祿，又豈可僅「止於其身而已」。程頤論爲官之道，以輔助人主而致太平爲務，斯乃其職分，實足以爲官箴也。

（一）二、五爻

二、五爻下陽上陰以相應解者十五卦，不以相應解者一卦。〔註46〕下陰上陽以相應解者亦十五卦，不以相應解者一卦。〔註47〕茲分論如下：

1. 正應

（1）下陽上陰之例

〈師・九二〉：「在師，中吉、无咎。王三錫命。」

《程傳》：「師卦唯九二一陽，爲眾陰所歸；五居君位，是其正應。
　　　　　二乃師之主，專制其事者也。居下而專制其事，唯在師則
　　　　　可。自古命將，閫外之事，得專制之。在師，專制而得中
　　　　　道，故吉而无咎。蓋恃專，則失爲下之道；不專，則无成

〔註46〕陽爻在下，陰爻在上，以相應解者十五卦，分別爲：〈蒙〉、〈師〉、〈泰〉、〈大有〉、〈蠱〉、〈臨〉、〈大畜〉、〈恆〉、〈睽〉、〈解〉、〈損〉、〈升〉、〈鼎〉、〈歸妹〉與〈未濟〉；不以相應論者一卦：〈大壯〉。

〔註47〕陰爻在下，陽爻在上，以相應解者十五卦，分別爲：〈屯〉、〈比〉、〈否〉、〈同人〉、〈隨〉、〈觀〉、〈无妄〉、〈咸〉、〈遯〉、〈家人〉、〈蹇〉、〈益〉、〈萃〉、〈革〉與〈漸〉；不以相應論者一卦：〈既濟〉。

功之理，故得中爲吉。

「凡師之道，威和並至，則吉也。既處之盡其善，則能成
功而安天下，故王錫寵命，至于三也。凡事至于三者，極
也。

「六五在上，既專倚任，復厚其寵數。蓋禮不稱，則威不
重而下不信也。它卦，九二爲六五所任者有矣，唯師專主
其事，而爲眾陰所歸，故其義最大。」（卷第一）

案：〈師〉（䷆），九二與六五相應。〈師〉之六爻，五陰一陽，陽居二爲不
正，然居中位，無不正之義，中重於正也。又爻例：五陰一陽，陽爲之主；
五陽一陰，陰爲之主。眾不能治眾，治眾者必寡，故眾統於一，王弼《略例》
之旨也。〔註48〕〈師〉以九二爲卦主，主師旅之事。人臣以承順君上之意爲
正道，然於師旅之事，則應「專制而得中道」，蓋「不專，則无成功之理」
也。考宋初立國，趙氏以主少國疑爲由，黃袍加身，取得大位。又以杯酒釋
兵權之計，盡去舊臣軍職，代之以文士。太宗、眞宗時期，常於將帥出征之
際，天子先授與「陣圖」，並遣宦官隨軍監督，主帥須依「陣圖」作戰，不
能任意更改。故對外戰爭，主帥無應變之權，作戰時往往坐失先機，以致屢
戰屢敗，卒之簽訂屈辱之盟。〔註49〕程頤蓋有見及此乎？故藉〈師〉之九二
以申己見，明將在外，君命有所不受之旨也。其後繼之又曰：

人臣之道，於事无所敢專，唯閫外之事，則專制之。雖制之在己，

然因師之力而能致者，皆君所與，而職當爲也。（同前）

六五既爲陰柔之君，則應「倚任」剛明之臣，共成其功。以現代之語言之，
上位者應「充分授權」也。君臣互信，以誠相待，各盡其職，國家始有興隆
之日，又況處於訊息萬變之戰事中耶？程頤有見及此，故亟言「師專」之重

〔註48〕《周易略例・明象》，《王弼集校釋》頁 591。

〔註49〕此說參考游彪《宋史》第二章第二節〈治國之策〉，頁 39 至 50。台北：三民
書局，2009 年。

　　案：眞宗景德元年（1004），遼軍南下侵宋，直抵澶淵（今河北濮陽），離開
封僅三百里，朝野震驚。眞宗從寇準等人之議，親征澶淵。既而，遼大
將撻覽中伏而死，遂與宋議和。寇準反對和議，但眞宗無心戀戰，許遼
每年絹二十萬匹，銀十萬兩，遼主稱眞宗爲兄，眞宗稱遼主爲弟，史稱
「澶淵之盟」，開中國對外屈辱求和之始。史事並參傅樂成《中國通史》
下冊，第二十章〈北宋與外族・宋遼的和戰〉，頁 541 至 544。台北：大
中國圖書公司，1972 年。

要，「不專，則无成功之理」。所有九二與六五相應之卦中，程頤以爲：〈師〉之九二，「其義最大」；非偶發者也，實有深刻之寓意存焉。

（2）下陰上陽之例

〈革・六二〉：「已日乃革之，征吉，无咎。」

《程傳》：「以六居二，柔順而得中正；又文明之主，上有剛陽之君，同德相應。中正則无偏蔽，文明則盡事理，應上則得權勢，體順則无違悖。時可矣，位得矣，才足矣，處革之至善者也。然臣道不當爲革之先，又必待上下之信，故已日乃革之也。」（卷第五）

案：〈革〉（䷰），六二與九五相應。六二居中得正，故謂「柔順而得中正」。「文明」，取〈賁・彖〉「柔來而文剛」之意。《程傳》釋之曰：

卦爲賁飾之象，以上下二體剛柔相交爲文飾也。下體本《乾》，柔來文其中而爲《離》；上體本《坤》，剛往文其上而爲《艮》，乃爲山下有火，止於文明而成賁也。天下之事，无飾不行，故賁則能亨也。（卷第三）

〈賁〉（䷕），《離》下《艮》上，程頤以爲下卦本《乾》，上卦本《坤》。《乾》之二爻與《坤》之上爻互換而成《離》與《艮》，所謂「二體剛柔相交」也。互相文飾，故有「賁飾之象」。而《離》爲火，火有明象。二爻居中正之位，故爲文明之象也。〈革〉之下卦爲《離》，二爲其主，故云「文明之主」。六二與九五相應，喻君臣同德，大公無私。處革之時，六二上應剛明之君，既得其權位，又得剛柔相應之才質，宜乎從事改革之事也。然程頤勉之，以爲人臣者，稍安勿躁，「不當爲革之先」，必先取信於上，待上下互信已足，方可大興改革之事也。「已日」者，須待時日之意。程頤之世，遇神宗熙寧變法，親覩安石之敗，己身復遭元祐黨爭之害，蓋有感而發乎？

2. 相應而不以相應解者

不以相應解者，下陽上陰與下陰上陽各一卦，共兩卦。茲舉一例論之：

〈大壯・九二〉：「貞吉。」

《程傳》：「二雖以陽剛當大壯之時，然居柔而處中，是剛柔得中，不過於壯，得貞正而吉也。」

〈大壯・六五〉：「喪羊于易，无悔。」

《程傳》：「羊群行而喜觸，以象諸陽並進。四陽方長而並進，五以
　　　　　柔居上，若以力制，則難勝而有悔；唯和易以待之，則群
　　　　　陽无所用其剛，是喪其壯于和易也。如此，則可以无悔。
　　　　　五，以位言則正，以德言則中，故能用和易之道，使群陽
　　　　　雖壯，无所用也。」（卷第四）

案：〈大壯〉（䷡），《乾》下《震》上。《程傳》釋之曰：「下剛而上動，以《乾》
之至剛而動，故爲大壯，爲大者壯，與壯之大也。」（卷第四）而九二處大壯
之時，以剛處柔，得其中位，能行中道，不過於剛，故得貞正而吉。〈大壯〉
下四爻爲陽，程頤以爲「象諸陽並進」。陽與「羊」同音，故假借爲羊。羊群
並進，以角觸人，其剛可知。而六五陰柔，難以力制，故宜用和易之道，使
之剛無所用，以柔制剛之義也。所謂「喪羊于易」者，以和易之道滅其陽剛
（喪羊）之氣也。〔註50〕九二與六五本爲相應，程頤不以相應之例釋之，而
各申其義，以明行中道則吉與以柔制剛之義。程頤復於〈六五・象〉藉以申
論君臣之勢曰：

　　　夫君臣上下之勢，不相侔也。苟君之權足以制乎下，則雖有強壯跋
　　　扈之人，不足謂之壯也。必人君之勢有所不足，然後謂之治壯；故
　　　治壯之道，不可以剛也。（同前）

君臣之勢，本應君強於臣，權之所在，強之所在也；然大權旁落，即臣強於
君矣。此弱則彼強，此強則彼弱，自然之理也。弱君難敵跋扈之臣，亦勢之
必然；如處於此時，程頤建議以和易之道克之，以「喪羊于易」申明其義。
以柔克剛之論，一般以爲道家哲學，〔註51〕而程頤用之，則似有引道入儒之
跡。然《易》本筮書，非儒非道。儒者用之，則爲儒家易學；道家用之，則
爲道家易學。陳鼓應嘗有老子引《易》入道之論，〔註52〕由此可見，思想雖
異，源同於一，彼此或有所啓發而已。程頤「體用一源」之論，受華嚴宗經
論之啓發；而澄觀亦以《易》論佛法，則三教同以《易》發揮義理，蓋各取

〔註50〕「喪羊于易」，自王弼注即以「難易」之易解「易」字，程頤承之，發揮以柔
　　　　克剛之道。「易」原爲地名，「羊」亦非陽義，其確解見顧頡剛〈周易卦爻辭
　　　　中的故事〉。《古史辨》第三冊。
〔註51〕老子《道德經・四十三章》有「天下之至柔，馳騁天下之至堅」之語，即以
　　　　柔克剛之意也。見《王弼集校釋・老子道德經注》頁120。
〔註52〕其說見《道家易學建構・先秦道家易學發微》，頁1至42。台北：台灣商務印
　　　　書館，2003年。

所需而已。

3. 敵應

二、五爻敵應者三十卦，上下皆陽與上下皆陰者各占十五。〔註53〕茲各舉一例如下：

（1）二、五爻皆陽

〈訟・九二〉：「不克訟，歸而逋。……无眚。」

《程傳》：「二、五相應之地，而兩剛不相與，相訟者也。九二自外來，以剛處險，爲訟之主，乃與五爲敵。五以中正處君位，其可敵乎？是爲訟而義不克也。若能知其義之不可敵，歸而逋避，以寡約自處，則得无過眚也。」

〈訟・九五〉：「訟，元吉。」

《程傳》：「以中正居尊位，治訟者也。治訟得其中正，所以元吉也。元吉，大吉而盡善也。」（卷第一）

案：〈訟〉（䷅），二、五爻皆陽，敵應，故程頤謂其「不相與」。二陽上進，與九五爲敵，故二爲興訟之主。然九五居中正之位，與九二之勢不相侔也，所謂君強臣弱，故九二無法與之爲敵，雖興訟，「不克」者也。「不克」即無功，故若能有自知之明，「歸而逋避」，則可以「无眚」矣。眚，過也。程頤應用此爻，以申在下者「以寡約自處」之道與在上者中正治事之理。

（2）二、五爻皆陰

〈謙・六二〉：「鳴謙，貞吉。」

《程傳》：「二以柔順居中，是爲謙德積於中。謙德充積於中，故發於外，見於聲音顏色，故曰『鳴謙』。居中得正，有中正之德也，故云『貞吉』。凡貞吉，有爲貞且吉者，有爲得貞則吉者；六二之貞吉，所自有也。」

〈謙・六五〉：「不富以其鄰；利用侵伐，无不利。」

《程傳》：「富者，眾之所歸；唯財爲能聚人。

〔註53〕二、五爻皆剛者十五卦，分別爲：〈需〉、〈訟〉、〈小畜〉、〈履〉、〈大過〉、〈習坎〉、〈夬〉、〈姤〉、〈困〉、〈井〉、〈巽〉、〈兌〉、〈渙〉、〈節〉與〈中孚〉；二、五爻皆柔者十五卦，分別爲：〈謙〉、〈豫〉、〈噬嗑〉、〈賁〉、〈剝〉、〈復〉、〈頤〉、〈離〉、〈晉〉、〈明夷〉、〈震〉、〈艮〉、〈豐〉、〈旅〉與〈小過〉。

「五以君位之尊，而執謙順以接於下，眾所歸也，故不以富，而能有其鄰也。鄰，近也。不富而得人之親也，為人君而持謙順，天下所歸心也。然君道不可專尚謙柔，必須威武相濟，然後能懷服天下，故利用行侵伐也。威德並著，然後盡君道之宜，而无所不利也。蓋五之謙柔，當防於過，故發此義。」（卷第二）

案：〈謙〉（䷎），二、五爻皆陰，敵應。陰象柔，柔之為義，莫過於謙。〈謙〉之六爻，除六五外，爻辭皆取「謙」義。初六為「謙謙君子」，六二為「鳴謙」，九三為「勞謙」，六四為「撝謙」，上六亦為「鳴謙」。而六五爻辭則謂「利用侵伐」，「侵伐」則不謙矣。究其故，蓋「君道不可專尚謙柔，必須威武相濟，然後能懷服天下，故利用行侵伐也。」五為君位，居治國之大寶，固以謙順民意，得天下歸心為重；然過於謙者，則人以為弱矣，故須濟之以威德，然後盡君道之宜。「侵伐」之義，補謙之流弊也。過猶不及，謙威並濟，得「中」之謂也。故程頤戒之：「五之謙柔，當防於過」。

（三）三、上爻

三、上爻下陽上陰以相應解者七卦，不以相應解者八卦，一卦為變例；變例者，應而相敵也。〔註54〕下陰上陽以相應解者十卦，不相應解者五卦，變例者一卦；變例者，捨應而從比也。〔註55〕茲分論如下：

1. 正應

（1）下陽上陰之例：

〈蹇‧九三〉：「往蹇，來反。」

《程傳》：「九三以剛居正，處下體之上，當蹇之時，在下者皆柔，必依於三，是為下所附者也。三與上為正應；上，陰柔而无位，不足以為援，故上往則蹇也。來，下來也。反，還歸也。三為下二陰所喜，故來為反其所也，稍安之地也。」

〔註54〕三、上爻下陽上陰以相應解者七卦，分別為：〈咸〉、〈恆〉、〈蹇〉、〈夬〉、〈升〉、〈井〉與〈豐〉；不以相應解者八卦，分別為：〈需〉、〈泰〉、〈謙〉、〈大過〉、〈大壯〉、〈革〉、〈小過〉與〈既濟〉；變例者為〈明夷〉。

〔註55〕三、上爻下陰上陽以相應解者十卦，分別為：〈訟〉、〈履〉、〈剝〉、〈无妄〉、〈晉〉、〈睽〉、〈損〉、〈益〉、〈渙〉與〈中孚〉；不以相應解者五卦，分別為：〈否〉、〈觀〉、〈噬嗑〉、〈頤〉與〈未濟〉；例外者一卦：〈蒙〉。

（卷第四）

案：〈蹇〉（䷦），《程傳》：「蹇，險阻之義，故爲蹇難。」（卷第四）九三與上六雖應，然程頤以爲，上六陰柔而无位，不足以援九三，故九三往上則必遇蹇難；故建議：九三下爲二陰所喜，不如反下，居於稍安之地也。程頤於〈九三・象〉再申之曰：

> 方蹇之時，陰柔不能自立，故皆附於九三之陽，而喜愛之。九之處三，在蹇爲得其所也。處蹇而得下之心，可以求安，故以來爲反。
>
> （同前）

〈蹇〉初、二爻皆陰，三爻則爲陽，陰喜附陽，九三既爲得位，又爲陰所喜，故於蹇時，宜反下求安也。三雖應上，而無援助，反遭蹇難，則相應非必獲吉者也。

（2）下陰上陽之例

〈剝・六三〉：「剝之，无咎。」

> 《程傳》：「眾陰剝陽之時，而三獨居剛應剛，與上下之陰異矣。志從於正，在剝之時，爲无咎者也。」（卷第三）

案：〈剝〉（䷖），六三與上九相應。三本陽位，而陰居之；上又爲陽爻，故程頤謂三「居剛應剛」。〈剝〉，一陽五陰，獨三與上應，爲「志從於正」也。然上爲陰位，陽居之爲不正，謂志從於陽則可，謂志從於正則費解矣。

2. 相應而不以相應解者
（1）下陽上陰之例

〈大過・九三〉：「棟橈，凶。」

> 《程傳》：「夫居大過之時，興大過之功，立大過之事，非剛柔得中，取於人以自輔，則不能也。既過於剛強，則不能與人同常常之功；尚不能獨立，況大過之事乎？以聖人之才，雖小事，必取於人；當天下之大任，則可知矣。九三以大過之陽，復以剛自居，而不得中，剛過之甚者也。以過慎之剛，動則違於中和，而拂於眾心，安能當大過之任乎？故不勝其任，如棟之橈，傾敗其室，是以凶也。取棟爲象者，以其无輔，而不能勝重任也。
>
> 「或曰：『三，《巽》體而應於上，豈无用柔之象乎？』曰：

『言《易》者，貴乎識勢之重輕，時之變易。三居過而用
剛，《巽》既終而且變，豈復有用柔之義？應者，謂志相
從也。三方過剛，上能係其志乎？』」（卷第三）

案：〈大過〉（䷛），九三與上六相應。然程頤釋九三，直接以爻辭解義，不
及上六，恐人疑之，故自設問答之辭以釋其疑。程頤以爲：「應者，謂志相
從也。」志不相從，雖陰陽亦不能應。於實際之人事言之固是，於爻例則悖
也。九三雖以陽剛居正位，然於大過之時，居下卦之極，爲過剛愈甚，失中
道之旨。下卦雖爲《巽》，有巽順之德；但順既已終，則將變矣，無「用柔」
之義，故九三與上六不相應也。程頤常勉人學《易》，貴在「識勢之重輕，
時之變易」，故所謂「爻例」者，亦不能以一概論矣。

（2）下陰上陽之例

〈未濟・六三〉：「未濟，征凶，利涉大川。」

《程傳》：「未濟征凶，謂居險，无出險之用而行，則凶也。必出險
而後可征。三以陰柔不中正之才而居險，不足以濟；未有
可濟之道、出險之用而征，所以凶也。然未濟，有可濟之
道；險終，有出險之理。上有剛陽之應，若能涉險而往從
之，則濟矣，故利涉大川也。然三之陰柔，豈能出險而往？
非時不可，才不能也。」（卷第六）

案：〈未濟〉（䷿），六三與上九相應。〈未濟〉下卦爲《坎》，險之象也，故
謂六三「居險」。程頤以爲，六三陰柔，又不中正，其才不足以出險，故雖上
有剛陽之應，卻不能與之應也。出險然後可應，六三既不能出險，無可應援，
故爲不相應論。〈未濟・六三〉爻辭有「征凶」之語，又卦爲「未濟」，故程
頤不以爲六三與上九有相應之事。由是觀之，程頤解《易》，以辭爲先，爻例
爲次。辭爲聖人之言，不可易也。

3. 敵應

三、上二爻，上下皆陽與上下皆陰者各十五卦，〔註56〕茲各舉一例如下：

（1）上下皆陽之例

〔註56〕三與上，上下皆剛者十五卦，分別爲：〈小畜〉、〈同人〉、〈大有〉、〈蠱〉、〈賁〉、
〈大畜〉、〈離〉、〈遯〉、〈家人〉、〈姤〉、〈鼎〉、〈艮〉、〈漸〉、〈旅〉與〈巽〉；
上下皆柔者十五卦，分別爲：〈屯〉、〈師〉、〈比〉、〈豫〉、〈隨〉、〈臨〉、〈復〉、
〈坎〉、〈解〉、〈萃〉、〈困〉、〈震〉、〈歸妹〉、〈兌〉與〈節〉。

〈蠱‧九三〉:「幹父之蠱,小有悔,无大咎。」

《程傳》:「三以剛陽之才,居下之上,主幹者也,子幹父之蠱也。以陽處剛而不中,剛之過也;然而,在《巽》體,雖剛過,而不爲无順。順,事親之本也;又居得正,故无大過。以剛陽之才,克幹其事,雖以剛過,而有小小之悔,終无大過咎也。然有小悔,已非善事親也。」

〈蠱‧上九〉:「不事王侯,高尚其事。」

《程傳》:「上九居〈蠱〉之終,无係應於下,處事之外,无所事之地也。以剛明之才无應援,而處无事之地,是賢人君子不偶於時,而高潔自守,不累於世務者也,故云『不事王侯,高尚其事』。古之人有行之者,伊尹、太公望之始,曾子、子思之徒是也。」(卷第二)

案:〈蠱〉(䷑),三、上二爻皆陽,敵應。〈序卦〉曰:「以喜隨人者,必有事,故受之以〈蠱〉。」《程傳》釋其義曰:「蠱,事也。蠱非訓事,蠱乃有事也。……蠱之義,壞亂也。」「以喜隨人」即爲諂媚,壞亂之事也。父有壞亂之事,而子幹之,故云「子幹父之蠱也」。幹,猶今語謂「處理」。處理其父之蠱事,不能不「順」,不順則不孝矣。《程傳》於〈蠱‧初六〉曰:「子幹父蠱之道,能堪其事,則爲有子,而其考得无咎;不然,則爲父之累。」九三「幹父之蠱」,亦作如是觀。九三剛陽而不中,幸居「《巽》體」,故能克制其剛,以順逆處。雖稍有過而致小悔,終無大過咎也。〈大過‧九三〉「不用柔」,而〈蠱‧九三〉則「不爲无順」,因辭取義,亦因事制宜,非爻例可囿也。至於上九,居無位之地,又是一卦之終,蠱事已了,又下無應援,故無所事事也。程頤藉此爻發揮賢人君子不遇於時,而能「高潔自守」之道。二爻不相應,故程頤依其爻辭各自發揮。

（2）上下皆陰之例

〈歸妹‧六三〉:「歸妹以須,反歸以娣。」

《程傳》:「三居下之上,本非賤者,以失德而无正應,故爲欲有歸而未得其歸。須,待也。待者,未有所適也。六居三,不當位,德不正也;柔而尚剛,行不順也;爲說之主,以說求歸,動非禮也;上无應,无受之者也。无所適,故須也。

女子之處如是，人誰取之？不可以爲人配矣，當反歸而求
爲娣媵則可也，以不正而失其所也。」

〈歸妹・上六〉：「**女承筐无實，士刲羊无血，无攸利。**」

《程傳》：「上六，女歸之終，而无應，女歸之无終者也。婦者，所
以承先祖，奉祭祀；不能奉祭祀，則不可以爲婦矣。

「筐篚之實，婦職所供也。古者，房中之俎，俎豆之類，
后夫人職之。諸侯之祭，親割牲，卿大夫皆然。割取血以
祭，《禮》云『血祭』，盛氣也，女當承事。筐篚而无實，
无實，則无以祭，謂不能奉祭祀也。

「夫婦共承宗廟，婦不能奉祭祀，乃夫不能承祭祀也；故
刲羊而无血，亦无以祭也，謂不可以承祭祀也。婦不能奉
祭祀，則當離絕矣；是夫婦之无終者也，何所往而利哉？」

（卷第六）

案：〈歸妹〉（䷵），三、上二爻皆陰，敵應。故程頤謂六三「无正應」、「上
无應」；而謂上六「女歸之終，而无應」。無應之爻，依其爻辭解讀，能自圓
其說即可，其本義是否如此，則又另當別論矣。〔註57〕大抵程頤藉〈歸妹〉
之六三爻申明婦德，陰居三爲不正，又上無應援；下卦爲《兌》，三居《兌》
上，以悅求人，非婦德也，故「人誰取之」？上六爲〈歸妹〉之終，以爲爻
辭有「承筐无實」之語，意謂婦不能「奉祭祀」，無法與其夫「共承宗廟」，
夫婦之道絕矣，故當離棄，有始而無終也。

3. 變例

三、上爻下陽上陰變例一，〈明夷〉是也；下陰上陽亦一，〈蒙〉是也。
其例如下：

（1）下陽上陰之例

〈明夷・九三〉：「**明夷于南狩，得其大首，不可疾貞。**」

《程傳》：「九三，《離》之上，明之極也，又處剛而進。上六，《坤》
之上，暗之極也。至明居下，而爲下之上；至暗在上，而

〔註57〕〈歸妹・上六〉爻辭，高亨以爲：古代貴族結婚有獻祭宗廟之禮，女則捧筐
盛果品，以果品獻神，男則以刀刺羊，以羊血祭神。今女捧筐，而筐中無物；
男刺羊，而羊血不出。蓋筐破，漏其筐中之物；羊病，刺之不出血，均是不
祥之兆，故无所利。見高亨：《周易大傳今注》卷四，頁444。

處窮極之地：正相敵應，將以明去暗者也。斯義也，其湯、
武之事乎？

「南，在前而明方也；狩，畋而去害之事也。南狩，謂前
進而除害也，當克獲其大首。大首，謂暗之魁首，上六也。
三與上正相應，爲至明克至暗之象。」（卷第四）

案：〈明夷〉（䷧），九三與上六正應，然程頤以爲「正相敵應」。其後又云：
「三與上正相應，爲至明克至暗之象。」相應，爲「同志之象」，王弼之說
也；而程頤於此卻謂「爲至明克至暗之象」，相克，則非同志矣。程頤解卦，
以爻辭爲主，爻例爲次，又見一例。雖涉矛盾，仍以辭爲本。大抵程頤以申
義爲主，所謂「至明克至暗」者，革命之意也。舉「湯、武之事」，其義可
思過半矣。

（2）下陰上陽之例

〈蒙・六三〉：「勿用取女。見金夫，不有躬，无攸利。」

《程傳》：「三以陰柔處蒙闇，不中不正，女之妄動者也。正應在上，
不能遠從；近見九二，爲群蒙所歸，得時之盛，故捨其正
應而從之，是女之見金夫也。女之從人，當由正禮；乃見
人之多金，說而從之，不能保有其身者也。无所往而利矣。」
（卷第一）

案：〈蒙〉（䷃），六三與上九相應，然程頤以爲六三「捨其正應」，而從九二。
亦是因辭釋義，隨時取義之旨也。程頤藉其爻辭以申婦德，謂「見人之多金，
說而從之」，非中正之人也。陰居陽位，又處蒙時，故有「蒙闇」之象。程頤
復於〈小象〉申之曰：「女之如此，其行邪僻不順，不可取也。」

二、比

比者，鄰也。比鄰之爻，相親或相敵，各又不同，稱謂亦異。以上下關
係言者，對上爲承，下奉承上也；對下爲乘，上凌駕下也。比之稱，以爻位
言之，鄰爻相接也；以人事言之，相親輔也。鄰近相親，遠鄙相拒，乃人之
常情。然志同道合，不論遠近；理念相乖，近亦爲仇。比之爲用，〈彖〉、〈象〉
論述至多。〈彖〉以陰陽相接者爲應，應則同志，同志則比附而行。〈象〉則
廓而充之，以爲陰陽相同而比者，非同志矣，故其志未得，或窮或亂，或隨

人而已。〔註 58〕王弼承二傳之意，歸納爲比應承乘之論，程頤又發而揮之，
應用又更上一層矣。林益勝謂：「《伊川易傳》以比附釋《易》者計五十七爻，
若包含乘剛履柔之十四爻，則有七十一爻之多。」〔註 59〕乘亦履也。「乘剛履
柔」，固爲比之一類，以其爻位在上者言也。茲將陰陽相接之爻，分比一、比
二、二比與比五四類論之；陰陽相同而接者，則分二爻相比與三陰或三陽相
比二類言之。

（一）陰陽相接者

1. 比一

比一者，一陽爻與其相接之一陰爻，或一陰爻與其相接之一陽爻相比也。
其例如下：

（1）下陽上陰之例：

〈小畜・九三〉：「輿說輻，夫妻反目。」

《程傳》：「三以陽爻居不得中，而密比於四，陰陽之情相求也。

「又：暱比而不中，爲陰畜制者也，故不能前進，猶車輿
說去輪輻，言不能行也。

「夫妻反目：陰制於陽者也；今反制陽，如夫妻之反目也。
反目，謂怒目相視，不順其夫，而反制之也。婦人爲夫寵
惑，既而遂反制其夫。未有夫不失道，而妻能制之者也；
故說輻、反目，三自爲之也。」（卷第一）

案：〈小畜〉（䷈），程頤以「密比」一詞，謂三與四「陰陽之情相求」。既陰
陽相求，應以同志相應論；然陰在上，陽在下，陽上求於陰，受陰所制也，

〔註 58〕〈彖〉無「爻比」之辭，然有「爻比」意。其釋〈比〉曰：「比，吉也。比，
輔也；下順從也。」比有輔助，故爲吉論。然輔助之意，爲「下順從也。」
下順從於上，比輔乃吉。爻例以陰陽相異者爲應，比鄰之爻，亦以陰陽相異
者爲比，凡比必爲同志相應。〈彖〉但論卦義，不及爻辭，故於爻位之比，點
到即止，又無「比」之辭，或云「長」，或云「遇」，或云「乘」，或云「順」，
或云「變」，或云「決」，或云「上同」，或云「上下應」，或云「志行」等。〈小
象〉以解爻爲主，承〈彖〉之餘緒，既論陰陽相異之爻，復論陰陽相同者，
或云「志舍下」，或云「志未得」，或云「志未光」，或云「志未平」，或云「志
末」，或云「志窮」，或云「志亂」，或云「志在隨人」等。〈象〉繼承〈彖〉
發展之脈絡，一先一後，頗爲清晰。

〔註 59〕《伊川易傳的處世哲學》，頁 95。

故爲「夫妻反目」之意。〈小畜〉一陰五陽，六四居正位，故〈象〉云：「柔得位，而上下應之。」〈小象〉於九三無比鄰之說，但云：「夫妻反目，不能正室也。」九居三爲正位，六居四亦爲正位，〈小象〉云「不能正室」，令人費解。程頤則以陰制陽之意解之，兩爻雖正，唯陰在陽上，陽有受制之意。然既同志相求，雖陰制陽，亦應無反目之理。卦爲諸陽應陰，故爲小畜。畜則聚，其聚雖小，何至反目？《易》本筮書，爻辭所指，自有其意。強作道德之說，故常扞格而難通。《程傳》固亦難免於此病也。

（2）下陰上陽之例：

〈姤・九二〉：「包有魚，无咎，不利賓。」

《程傳》：「姤，遇也。二與初密比，相遇者也。在它卦，則初正應於四；在〈姤〉，則以遇爲重。相遇之道，主於專一。二之剛中，遇固以誠；然初之陰柔，群陽在上，而又有相應者，其志所求也。陰柔之質，鮮克貞固；二之於初，難得其誠心矣。所遇不得其誠心，遇道之乖也。」（卷第五）

案：〈姤〉（䷫），程頤謂「二與初密比」。〈姤〉之初爻爲陰，二爻爲陽，故爲陰陽相遇。《程傳》常有「在它卦」之說，以凸顯本爻之義理有別於他爻之例。〈姤〉之初六本與九四相應，然程頤不採，以爲於〈姤〉卦以「遇」爲重；姤者，遇也，故以相遇解初與二之關係，優於初與四之相應。然初爻之陰雖遇二爻之陽，群陽在上，又與九四有相應之內在因素，表示初爻有三心兩意之象。九二居中，固以誠意待初六，惟初六三心兩意，非「專一」者也。「專一」即誠，故程頤謂「難得其誠心」，爲「遇道之乖也」。遇必以誠，既爲人道，亦爲天道。〈中庸〉曰：「誠者，天之道也；誠之者，人之道也。」（第二十章）又曰：「誠者，物之終始；不誠無物，是故君子誠之爲貴。」（第二十五章）程頤發揮〈中庸〉之誠義，本於周敦頤，〔註60〕〈姤・九二〉即發揮以誠相待之道也。程頤極重視「誠」，嘗曰：

學者不可以不誠。不誠無以爲善，不誠無以爲君子。修學不以誠，則學雜；爲事不以誠，則事敗；自謀不以誠，則是欺其心而棄其忠；與人不以誠，則是喪其德而增人之惡。〔註61〕

而於《程傳》，除〈姤卦〉外，餘卦之發揮，更是不遺餘力。統計《程傳》「誠」

〔註60〕參見本文第二章第四節論程頤與周敦頤之淵源關係。
〔註61〕《程氏遺書》卷第二十五，《二程集》頁 326。

字之出現，凡一百九十五見，或云「誠意」，或云「孚誠」，或云「至誠」，或云「誠信」，或云「誠敬」，或云「誠心」，或云「忠誠」。配詞雖別，其義則一。弟子嘗問程頤何謂誠，何謂道，程頤答之曰：

> 自性言之爲誠，自理言之爲道，其實一也。〔註62〕

誠爲性之內涵，理之主體，則程頤之道學，又可稱之爲「誠學」矣。而《程傳》藉《易》發揮其義理，其書又可稱之爲「誠書」矣。《宋史·程頤傳》謂：「頤於書無所不讀，其學本於誠。」〔註63〕信史者也。

2. 比二

比二者，一陽爻比其上下之二陰爻，或一陰爻比其上下之二陽爻也。其例如下：

（1）一陽比二陰

〈賁·九三〉：「賁如濡如，永貞吉。」

《程傳》：「三處文明之極，與二、四二陰間處相賁，賁之盛者也，
故云『賁如』。如，辭助也。賁飾之盛，光彩潤澤，故云
『濡如』。光彩之盛，則有潤澤。《詩》云：『麀鹿濯濯。』」
「永貞吉：三與二、四非正應，相比而成相賁，故戒以常
永貞正。」（卷第三）

案：〈賁〉（䷕），二、四皆陰，九三以陽居正位，處於二陰之間，成「賁飾」之象。又三居下卦之極，文明已盛，懼其將變，不能恆常，故程頤藉爻辭戒之，盼九三之文明能持之以恆也。

（2）一陰比二陽

〈睽·六三〉：「見輿曳，其牛掣。其人天且劓，无初有終。」

《程傳》：「陰柔，於平時且不足以自立，況當睽離之際乎？三，居
二剛之間，處不得其所安，其見侵陵可知矣。三以正應在
上，欲進與上合志，而四阻於前，二牽於後。車、牛，所
以行之具也。輿曳，牽於後也；牛掣，阻於前也。在後者，
牽曳之而已；當前者，進者之所力犯也，故重傷於上，爲
四所傷也。」（卷第四）

〔註62〕《程氏粹言》卷第一〈論道篇〉，《二程集》頁1182。
〔註63〕《宋史》卷四百二十七，〈程頤本傳〉頁12720。

案：〈睽〉（☲☱），二、四皆陽。陰居二陽之間，乃程頤所謂「三居二剛之間，處不得其所安」者也。然陰比陽為志同，志同又豈有「侵陵」、「牽曳」之意？〈睽‧九二‧象〉曰：「遇主于巷，未失道也。」「遇主」，謂九二遇六三。陰陽志同，故其相遇「未失道」。〈睽‧六三‧象〉曰：「見輿曳，位不當也；无初有終，遇剛也。」陰居陽位，故云「位不當」；六三之陰遇九四之陽，故云「遇剛」。〈小象〉無一陰比二陽之解，而程頤創其說以牽合爻辭之意。程頤解《易》，或沿用舊例之名，然其實已非舊名之意，或牽合辭意，或發揮儒理，藉以一抒懷抱，如此而已。

3. 二比

二比與比二不同。比二為一爻比其上下之二爻，二比則為二爻比其上或下之一爻。其例如下：

（1）一陰乘二陽

〈臨‧六三‧象〉：「甘臨，位不當也；既憂之，咎不長也。」

《程傳》：「陰柔之人，處不中正，而居下之上，復乘二陽，是處不當位也。既能知懼而憂之，則必強勉自改，故其過咎不長也。」（卷第三）

案：〈臨〉（☷☱），初、二皆陽，六三居其上，故程頤云「乘二陽」。乘者，在上之故。陰居陽位，已位不當矣，復乘二陽之剛猛，故六三知懼而憂。陰為小人之象，程頤勉其改過遷善。能如是，則「其過咎不長也」。

（2）二陰附一陽

〈蹇‧九三‧象〉：「往蹇來反，內喜之也。」

《程傳》：「內，在下之陰也。方蹇之時，陰柔不能自立，故皆附於九三之陽，而喜愛之。」（卷第四）

案：〈蹇〉（☵☶），初、二皆陰，九三居其上，程頤謂：「陰柔不能自立，故皆附於九三之陽。」陰不能自立，本喜附陽。在蹇難之時，陰更無法獨立，故喜群附於陽以自保。爻位由下而上發展，故下之二陰往上附於九三之陽也。

4. 比五

比五者，一爻比五爻也。六十四卦中，一陽五陰與一陰五陽之卦各占六爻，分別是〈師〉、〈比〉、〈謙〉、〈豫〉、〈剝〉與〈復〉，一陽五陰也；〈小畜〉、〈履〉、〈同人〉、〈大有〉、〈夬〉與〈姤〉，一陰五陽也。〈象〉論上下應者，

唯〈比〉、〈小畜〉、〈大有〉三卦。茲以〈比〉、〈小畜〉二卦爲例論之如下：

（1）一陽五陰

〈比‧彖〉：「……不寧方來，上下應也。」

《程傳》：「人之生，不能保其安寧，方且來求附比。民不能自保，故戴君以求寧；君不能獨立，故保民以爲安。不寧而來比者，上下相應也。……在卦言之，上下群陰比於五，五比其眾，乃上下應也。」（卷第一）

案：〈比〉（䷇），九五爲陽，居君位，餘爻皆陰。下順於上，故下四陰爻皆比於五。而上爻在外之極，喻方國之民也。其國不寧，其民來歸，故上六亦下比於九五。〈彖〉以爲上下應也。程頤繼承其意，故謂「上下群陰比於五」。程頤於此卦發揮君民相需相比之道，如脣齒相依，不可或缺。「君不能獨立」，意在警君，寓保民乃自保之道，否則何以能安於其位？水能載舟，亦能覆舟之義也。孟子「民貴君輕」之思想，於《程傳》到處可見。

（2）一陰五陽

〈小畜‧彖〉：「小畜，柔得位，而上下應之，曰小畜。」

《程傳》：「以陰居四，又處上位，柔得位也。上下五陽皆應之，爲所畜也。以一陰而畜五陽，能係而不能固，是以爲小畜也。」（卷第一）

案：《程傳》解〈彖〉「柔得位，而上下應之」，以爲是「一陰而畜五陽」。畜者，約束之謂，非固守之也；故爲小畜，固守則爲大畜矣。四爲大臣之位，陰爻居之，故云「柔得位」。程頤復於六四爻辭下申明大臣務必畜君私欲之意，其論已見前節，不贅。而一柔何以畜眾剛？程頤復申「以柔畜剛之道」云：

卦獨一陰，畜眾陽者也。諸陽之志係于四，四苟欲以力畜之，則一柔敵眾剛，必見傷害。唯盡其孚誠以應之，則可以感之矣；故其傷害遠見，其危懼免也。如此，則可以无咎；不然，則不免乎害矣。此以柔畜剛之道也。以人君之威嚴，而微細之臣，有能畜止其欲者，蓋有孚信以感之也。（同前）

以「孚誠」感動人主，即以柔畜剛之道也。對君而言，臣乃下位，故畜之不能以剛；冒險犯上，未必得吉，反易招害，故唯以「孚誠」感之而已。縱或感而未通，亦不至於過咎。蓋咎由自取，克己復禮，又何咎之有？

（二）陰陽相同而接者

1. 二爻相比

二陽相比或二陰相比，是爲「同德相比」。一卦而含二類相比者，莫過於〈損〉卦。茲舉其例如下：

〈損・彖〉：「損下益上，其道上行。……」

〈損・六三〉：「三人行，則損一人；一人行，則得其友。」

《程傳》：「上以柔易剛而謂之損，但言其減一耳。上與三雖本相應，由二爻升降，而一卦皆成，兩相與也。初、二，二陽；四、五，二陰，同德相比。三與上應，皆兩相與，則其志專，皆爲得其友也。三雖與四相比，然異體而應上，非同行者也。」（卷第五）

案：〈損〉（䷨），依其爻體結構之變化，〈彖〉所謂「損下益上」者，指下體之三陽爻損其一爻，致上體增一陽爻也。故卦名爲「損」，乃指第三爻由陽變陰而來。故程頤謂「但言其減一耳」。程頤之意，以爲六十四卦皆由《乾》《坤》所變。下本《乾》，上本《坤》。《乾》之三爻往上，《坤》之三陰往下，「二爻升降」也。初、二爲陽爻，本屬《乾》，故爲「友」；四、五爲陰爻，本屬《坤》，亦爲「友」，二陽與二陰各自以「同德相比」也。

2. 三爻相比

三陰或三陽相比，亦爲同德相比。茲各舉一例如下：

（1）三陰相比

〈泰・六四〉：「翩翩，不富以其鄰，不戒以孚。」

《程傳》：「六四處《泰》之過中，以陰在上，志在下復；上二陰，亦志在趨下。翩翩，疾飛之貌。四，翩翩就下，與其鄰同也。鄰，其類也，謂五與上。」（卷第二）

案：〈泰〉（䷊），三陰在上，程頤以爲三陰同志，故聯袂就下。量其材質，乃爲小人，而甘於下位，則其德爲君子矣。然〈彖〉釋〈泰〉，以爲三陰皆小人，其言曰：

內陽而外陰，內健而外順；內君子而外小人，君子道長，小人道消也。（同前）

「內陽」，指下卦三陽。「外陰」，指上卦三陰。陽爲君子，陰爲小人，爲爻例之定式。三陽往上，與三陰正應，則陽消陰也，故爲君子道長，小人道消。政治清明，天下通泰之時也。故《程傳》亦曰：

> 陽爲君子，陰爲小人；君子來處於內，小人往處於外，是君子得位，
> 小人在下，天下之泰也。（同前）

程頤既以陰爲小人，則於六四，又謂四與其五、上之鄰「翩翩就下」。能「就下」者，已非小人矣。既爲小人，必戀棧其位，又豈肯「就下」也？程頤亦知其道理難通，故於〈否〉之初六補其缺曰：

> 始以內小人、外君子爲〈否〉之義，復以初六否而在下，爲君子之
> 道。《易》隨時取義，變動无常。（同前）

〈否〉（䷋）與〈泰〉之爻位反轉，而〈象〉與《程傳》皆以「內小人」解其卦義。然〈否〉之初六在下，程頤卻以爲「君子之道」，其自相矛盾可知。故程頤以「《易》隨時取義，變動无常」解困也。

（2）三陽相比

〈需・六四〉：「需于血，出自穴。」

> 《程傳》：「四以陰柔之質處於險，而下當三陽之進，傷於險難者也，
> 　　　　　故云『需于血』。既傷於險難，則不能安處，必失其居，
> 　　　　　故云『出自穴』。穴，物之所安也。」（卷第一）

案：〈需〉（䷄），三陽在下。陽爲上進之物，六四處其上，三陽並進，來勢洶洶，陰柔之質何以擋之，故傷而出血，離其居所。此程頤之解意也。程頤復應用此爻而發揮之曰：

> 順以從時，不競於險難，所以不至於凶也。以柔居陰，非能競者也。
> 若陽居之，則必凶矣。蓋无中正之德，徒以剛競於險，適足以致凶
> 耳。（同前）

順時爲吉，逆時爲凶，易之道也。四爲陰位，以柔居陰，其位雖正，然其材質不能與人競，惟順而已。陽雖上進之物，居四爲不中不正；無中正之德，徒以剛競險，致凶之道也。程頤戒人適時辨勢，處事以德爲先。程頤視《易》爲教戒之書，讀《程傳》，如臨長者，恭聽其耳提面命。與其視《程傳》爲學術著作，毋寧置之案頭，隨時翻閱。《程傳》實乃人生修養之寶典也。

第三節　程頤對二體與卦才之理解與應用

　　六爻之卦，有上下二體。體者，卦之象也。經卦有八，故有八體，《乾》象天之體，《坤》象地之體，《震》象雷之體，《巽》象風之體，《坎》象水之體，《離》象火之體，《艮》象山之體，《兌》象澤之體是也。有形可視，便有物可感。可視者爲物象，視物興意，故又生意象。〈彖〉以《乾》、《震》、《坎》、《艮》爲剛，《坤》、《巽》、《離》、《兌》爲柔。剛柔者，卦之材也。又以《乾》爲健，《坤》爲順，《震》爲動，《巽》爲遜、爲入，《坎》爲險，《離》爲麗、爲文明，《艮》爲止，《兌》爲說。健順動遜，險麗止說者，卦之德也。卦材與卦德皆爲意象。六十四卦由二經卦重疊組成，由下而上，二卦相重，故一卦又有二物象焉、二意象焉。二卦重疊，合而爲一，又混成一體。二物象之際會，由〈大象〉說之；二意象之際會，乃〈彖〉之釋義也。同卦相重，意象加重，而其體不變；異卦相疊，遂有上下之分，內外之別。〈大象〉釋卦義，皆以自然之物象爲主；〈彖〉釋卦義，則是直指一卦之意象爲多，後之解《易》者，論上下二體之際會，遂以「二象」、「二體」稱之。二象指上下經卦之自然實象，二體指上下經卦之意象也。卦有象有體，爻亦有象有體，〈小象〉即論爻之象體。其論爻象之際會，則爲承乘比應。〈彖〉釋卦義，多釋意象之際會，而兼論爻象。比應之說已析乎前，今論《程傳》對二體際會與卦才之理解，以見其解《易》之另一應用也。

一、程頤對二體之理解

　　〈彖〉、〈象〉解卦，皆無「象」、「體」之語。〈象〉以「象」名，即表解卦之實象，〈上繫〉所謂「在天成象，在地成形」（第一章）者也。考六十四卦之卦象，〈大象〉皆以自然之實象爲說，而〈彖〉則表解說意象者多，涉實象者少。〔註64〕本文第四章嘗論《程傳》解《易》之法，謂其以「二象」、「二體」之法解說，以圖統合〈彖〉、〈象〉之釋義。茲考其應用，兼言「二象」、「二體」論卦義者，計有〈屯〉、〈訟〉、〈同人〉與〈噬嗑〉等四卦；獨標「二象」者，只有〈豫〉卦；獨標「二體」者，則有〈需〉、〈師〉、〈比〉、〈蠱〉、〈賁〉、〈睽〉、〈損〉、〈益〉、〈夬〉、〈姤〉、〈升〉、〈鼎〉、〈艮〉、〈歸妹〉、〈豐〉、

〔註64〕　〈彖〉兼用實象解卦者有十七卦，分別爲：〈乾〉、〈坤〉、〈屯〉、〈噬嗑〉、〈習坎〉、〈咸〉、〈晉〉〈家人〉、〈睽〉、〈解〉、〈姤〉、〈革〉、〈鼎〉、〈震〉、〈漸〉、〈渙〉與〈中孚〉等。佔百分之二十六點五六，約四分之一。

〈中孚〉等十六卦。程頤對二象之理解，皆以爲實象，較無爭議；然對二體之運用，則時而既指意象，時而又指實象，體例不嚴，乃爲其解《易》之一病。茲析論如下：

《程傳》二體之說，大抵乃解釋〈彖傳〉；二象之說，則解釋〈大象〉。〈屯〉、〈訟〉、〈同人〉與〈噬嗑〉等四卦皆兼論二象、二體，茲列舉如下，以分析其各例解卦之異同：

（一）〈屯〉（䷂）

《程傳》：「以二象言之，雲雷之興，陰陽始交也。以二體言之，《震》始交於下，《坎》始交於中，陰陽相交，乃成雲雷。」（卷第一）

〈屯〉之二象，〈象〉曰：「雲雷屯。」上《坎》爲水，〈象〉以「雲」爲象，乃爲首創。雲雨爲水，可通解也。下《震》爲雷，雷屬陽。水爲陰，則雲亦爲陰矣。興，起也；謂雲雷大作，爲陰陽始交之時也。〈屯〉之二體，《震》（☳）下《坎》（☵）上，《程傳》謂「《震》始交於下，《坎》始交於中」，乃指爻體之變化。《震》由《坤》（☷）變，即《坤》之初爻由陰變陽，故謂「《震》始交於下」。而《坎》亦由《坤》變，《坤》之中爻由陰變陽，故謂「《坎》始交於中」。〈象〉以爻變取其意象，《程傳》以「二體」解其爻變，皆有別於「二象」之內容。由是知之，《程傳》之所謂「二體」，乃解經卦之爻象變化也。《程傳》解〈屯·彖〉「剛柔始交而難生，動乎險中」復曰：

以雲雷二象言之，則剛柔始交也。以《坎》、《震》二體言之，動乎險中也。剛柔始交，未能通暢則艱屯，故云「難生」。又：動於險中，爲艱屯之義。

程頤以雲爲柔，雷爲剛，而云「剛柔始交」。然依〈象〉釋卦之體例，剛柔實指爻之陰陽，非謂二象也。〔註65〕程頤以「艱屯」釋卦義，故圖統合〈彖〉、〈象〉二說爾。〈象〉「動乎險中」，《程傳》作「動於險中」，其義無別。雷之

〔註65〕〈屯〉，《震》下《坎》上，《震》、《坎》皆剛，故「剛柔始交」非謂《震》、《坎》也。陽爻爲剛，陰爻爲柔，乃〈象〉之通例。〈屯〉乃繼〈乾〉、〈坤〉後之第一卦，由陰陽爻互變而成，故云「剛柔始交」。〈象〉甚少以剛柔稱卦體者。考之，只得三例：〈需〉，以「剛健」謂《乾》；〈訟〉，「上剛下險」，以「上剛」稱《乾》；〈大壯〉，「剛以動」，「剛」即指《乾》。三剛皆謂《乾》卦。其餘如〈否〉卦云：「內柔外剛」，乃謂《坤》之三爻皆柔，《乾》之三爻皆剛，非直指卦體也。

意象爲動，水之意象爲險，《坤》之中爻變，合言之，故云「動於險中」。二體際會之時，「動於險中」也。既爲二體之會，亦爲爻象之變。

（二）〈訟〉（䷅）

> 《程傳》：「二象言之，天陽上行，水性就下，其行相違，所以成訟
> 也。以二體言之，上剛下險，剛險相接，能无訟乎？」（卷
> 第一）

〈訟〉之二象，〈象〉曰：「天與水違行。」上《乾》爲天，下《坎》爲水。天健上行，水性就下，二象毫無交涉，故有「違行」之象。〈訟〉之二體，《乾》（☰）上《坎》（☵）下，《程傳》採〈訟・彖〉「上剛下險」之說，以《乾》爲剛而《坎》爲險，則「二體」際會，爲成「訟」之象，亦爲紛爭之由。然二象不交而二體交，交乎？不交乎？〈象〉、〈彖〉各有解讀，矛盾可見。然解人不同，各有見地，自亦難免。而注經之例，注不駁經，疏不駁注，程頤傳《易》，無法彌縫，故亦只能兩解而並存。由此例觀之，所謂「體」，乃指經卦剛柔之材質與德性，仍屬意象範圍。

（三）〈同人〉（䷌）

> 《程傳》：「以二象言之，天在上者也，火之性炎上，與天同也，故
> 爲〈同人〉。以二體言之，五居正位，爲《乾》之主，二
> 爲《離》之主，二爻以中正相應，上下相同，同人之義也。」
> （卷第二）

〈同人〉之二象，〈象〉曰：「天與火同人。」上《乾》爲天，下《離》爲火。〈象〉但謂「與」，無解二者之關係；《程傳》解之，以爲天在上，火炎亦往上行，與天同也，故爲〈同人〉。〈同人〉之二體，《離》（☲）下《乾》（☰）上，《程傳》採爻位說，謂二、五爻皆居中得正，以「中正相應，上下相同」，故爲「同人之義也」。則此處言二體，既非爻變之義，又非材德之象，而是爻位「相應」也。《程傳》此解，亦根據〈彖〉來。〈同人・彖〉曰：「文明以健，中正而應，君子正也。」「中正而應」，即程頤所本。《程傳》解此節又曰：

> 又以二體言其義。有文明之德而剛健，以中正之道相應，乃君子之
> 正道也。（同前）

《離》爲火，有「文明」之德，《乾》體剛健，故《離》、《乾》之際會，乃生

「文明以健」之意。「中正而應」，即謂二、五兩爻，各得其所，又居中位也。本例兼論二體之意象與爻位之相應。

(四)〈噬嗑〉(䷔)

> 《程傳》：「噬嗑者，治天下之大用也。去天下之間，在任刑罰，故卦取用刑爲義。在二體，明照而威震，乃用刑之象也。……
>
> 「動而明：下《震》上《離》，其動而明也。雷電合而章：雷震而電耀，相須並見，合而章也。照與威並行，用獄之道也。能照，則无所隱情；有威，則莫敢不畏。上既以二象言其動而明，故復言威照並用之意。」(卷第三)

本卦之解，程頤先以二體明〈噬嗑〉卦義。〈彖〉有「利用獄」之語，故程頤謂「明照而威震，乃用刑之象也」。〈噬嗑〉《震》下《離》上，《震》雷爲動，《離》火爲明，皆取意象。〈彖〉復有「雷電合而章」之語，「雷電」，實象也，故程頤謂「上既以二象言其動而明，故復言威照並用之意。」則〈彖〉合二體、二象解卦也。〈彖〉解卦多用意象與爻位；實象、意象並用，歸納其意，實象僅爲輔助性質，非主力也。

綜觀以上四例，綜合言之，〈彖〉所指，皆爲實象，而〈彖〉之所解，以意象爲主，實象爲輔。〈彖〉解又涉爻變、爻位者，而意象與爻變、爻位兼之，乃其解卦之通例也。《程傳》解二象、二體之說，皆遵二傳，無有不同。然《程傳》既設二體之說，所指或爲意象，或爲實象，體例混亂，無一致之標準也。茲舉例而析言之如下：

> 〈師〉(䷆)，《程傳》：「以二體言之，地中有水，爲眾聚之象。以二卦之義言之，內險外順，險道而以順行，師之義也。」

「地中有水」，爲〈大象〉之語。其言曰：「地中有水，師。」而程頤襲取其語，宜亦應云「以二象言之」始洽。「內險外順」，「險」、「順」皆爲卦之德性，依體例，宜云「以二體言之」，程頤卻別出一語：「以二卦之義言之」。混同二體、二象之義，〈師〉非特例也，諸如〈比〉、〈夬〉、〈姤〉，皆以二體稱實象。〔註66〕至其解〈豐〉之〈彖〉「雷電皆至，豐」曰：

> 雷電皆至，明震並行也。二體相合，故云「皆至」。明動相資，成豐

〔註66〕〈比〉，《程傳》：「以二體言之，水在地上。」〈夬〉，《程傳》：「以二體言之，澤，水之地也。」〈姤〉，《程傳》：「以二體言之，風行天下。」此三例皆宜作「二象」。

　　之象。（卷第六）

〈象〉以「雷電」為「皆至」，程頤則併「明震」言之，以二體混同二象稱述。又，《程傳》解〈訟〉，前已論之，既有二象、二體之別，而其解〈訟‧象〉時則曰：

　　　　天上水下，相違而行；二體違戾，訟之由也。

以二體稱實象，於同卦之中，其用語前後不一。前既謂二體「剛柔相接」，後又云「二體違戾」，矛盾之至也。〈彖〉、〈象〉之作者不同，取象亦異，雖有矛盾，尚可理解。程頤為揉合二說，時有扞格之解，自亦難免。然自設二象、二體之論，象、體既有區別，理應嚴格分野，體例一貫。《程傳》之失，已非一句「隨時取義」可以搪塞矣。

二、二體際會之應用

　　程頤以二象、二體等同而混稱，體例不嚴，是其一病。至其應用二象、二體之例解釋〈彖〉、〈象〉之意，不失為其解《易》之特色。〈大象〉不解二象，直指實體，其二體際會，或會或否，並無定式。如〈需〉之「雲上於天」，雲與天會也。至於〈訟〉，則謂「天與水違行」；既為「違行」，二象又豈能會也？不會，又如何能興訟？〈比〉，〈象〉曰：「地上有水。」地與水會，密比無間，故為「比」。而〈履〉，〈象〉曰：「上天下澤。」天在上，澤在下，互不相涉，天與澤又不會矣；不會，又如何能履？然〈彖〉釋二體，必會合而論之，如〈訟〉，謂「險而健」，險與健會，乃訴訟之由也。〈履〉，謂「柔履剛也，說而應乎《乾》。」柔剛二爻相際（指六二乘初九），說與《乾》相應（說為《兌》之德），會也；以順柔與愉悅之道履剛，故不致害，卦辭所謂「履虎尾，不咥人，亨」之義也。至於《程傳》，志在傳辭，因其辭而申明義理，故於二象，釋其道理，但求圓說，不予駁難，注不駁經之例也。如〈訟〉之「違行」，《程傳》曰：

　　　　若上下相順，訟何由興？君子觀象，知人情有爭訟之道，故凡所作
　　　　事，必謀其始，絕訟端於事之始，則訟无由生矣。謀始之義廣矣，
　　　　若慎交結、明契券之類是也。（卷第一）

觀象會意，本來就可各自解讀，但能說理圓融而已。程頤依〈象〉辭戒人之旨，謂不順則逆，二分立判，成為興訟之由，並重申作事謀始之義，又以「交結」、「契券」等人事活動附和之而成其說。〈象〉辭簡略，《程傳》則詳申之。

舉此一例，其餘即可見一斑矣。

　　《程傳》釋〈彖〉之二體，亦以傳辭爲務。茲以〈師〉卦爲例說明之。

　　　　〈彖〉曰：「師，眾也。貞，正也。能以眾正，可以王矣。剛中而應，

　　　　行險而順。以此毒天下，而民從之，吉，又何咎矣？」（卷第一）

本卦〈彖〉意在申明王道，在於王者「能以眾正」。縱師旅之事，荼毒天下，
民不以爲苦者，因其弔民伐罪也。〈師〉，《坎》下《坤》上，〈彖〉釋其二體
爲「剛中而應，行險而順」。《程傳》曰：

　　　　言二也。以剛處中，剛而得中道也。六五之君爲正應，信任之專也。

　　　　雖行險道，而以順動，所謂義兵，王者之師也。上順下險，行險而

　　　　順也。（同前）

「言二」，謂九二也。九二以陽剛居中位，程頤以爲得「中道」。九二又與六
五相應，意謂得天子之信任而興義兵，「行險而順」也。二體際會，在〈師〉，
即爲「王者之師」。興師，必爲民而作，非爲一己之私也。《程傳》復申之曰：

　　　　師旅之興，不无傷財害人，毒害天下；然而民心從之者，以其義動

　　　　也。古者東征西怨，民心從也。如是，故吉而无咎。吉，謂必克。

　　　　无咎，謂合義，又何咎矣；其義故无咎也。（同前）

「東征西怨」，典出伐桀之事，〔註67〕民怨義兵不先伐我者；興義兵而民不怨，
不怨必克，故「吉而无咎」也。

　　胡自逢另有二體際會之說。其言曰：

　　　　一卦兩體上下相重而有際會之名。際會即二體交合之處。〔註68〕

所謂「交合之處」，指三、四爻也。其言又曰：

　　　　二體之相交，以象天地之交際，此際當終始之會，遇變革之時。三、

　　　　四皆當此際會，故三、四爲際會之主爻，即三四之動，可以窺見餘

　　　　爻之趨向，六爻之相與，又以三四爻爲之樞紐也。

就一卦時事之發展論，爻由下而上，即事情之發展，由初而終。三爲下體之
終，四爲上體之始，故胡氏云「即二體交合之處」。當此際會之時，其動靜足
以影響全卦，故三、四爻爲一卦之樞紐，其重要性不可忽視。胡氏論二體際
會，即指三、四爻也。胡氏又謂，二體際會之理，已於〈乾・文言〉發其端。
〈文言〉釋〈乾〉之九三曰：「居上位而不驕，在下位而不憂。」釋〈乾〉之

〔註67〕　《尚書》卷第八，《商書・仲虺之誥》頁111下。（《十三經注疏》）
〔註68〕　胡氏論二體際會之說，見《程伊川易學述評》195至201。

九四曰：「上下無常，非為邪也；進退無恆，非離群也。」又曰：「或躍在淵，乾道乃革。」胡氏申之曰：

> 九三，在下體之上，故曰「居上位」；在上體之下，故又曰「居下位」。是明言三在上下之交也。……以四在二體之際，可上可下，故曰「上下無常」；能進能退，故曰「進退無恆」；而「乾道乃革」者，天道當此而更始，此實革新改作之機，進取有為之候也。

就爻位言之，三、四為一卦之中，三為下體之終，四為上體之始，有交接之義。就人事言之，處於三、四之時，乃進退之契機，變革之時候也。歸納胡氏之意，三、四際會，於位言為危懼之地，喻人進退之狀；於事言為天地之際，喻變革之時也。《程傳》亦嘗詳申之，茲略論如下：

（一）危懼之地，進退之狀

〈乾・九三〉：「君子終日乾乾，夕惕若厲，无咎。」

〈乾・文言〉：「九三，重剛而不中。上不在天，下不在田，故乾乾。因其時而惕，雖危无咎矣。」

《程傳》：「三，重剛，剛之盛也。過中而居下之上，上未至於天，而下已離於田，危懼之地也。因時順處，乾乾兢惕以防危，故雖危而不至於咎。君子順時兢惕，所以能泰也。」

〈乾・九四〉：「或躍在淵，无咎。」

〈乾・文言〉：「九四，重剛而不中，上不在天，下不在田，中不在人，故或之。或之者，疑之也，故无咎。」

《程傳》：「四，不在天，不在田，而出人之上矣，危地也。疑者，未決之辭，處非可必也。或進或退，唯所安耳，所以无咎也。」

三、四二爻，〈文言〉皆以「上不在天，下不在田」形容之。身處其位，瞻前顧後，疑懼之情可見也。九三爻辭謂「夕惕若厲」，戒人慎處則无咎。九四「或躍在淵」，勉人知進知退，亦可无咎也。《程傳》以「危地」釋之，極盡人事之情狀，君子以修身防危，知所進退，則能安然度過危地。進亦安，退亦安，苟如是，又何咎哉？

（二）天地之際，變革之時

〈泰・彖〉：「泰，……天地交而萬物通也，……。」

〈泰‧象〉：「天地交泰，……。」

〈泰‧六四〉，《程傳》：「夫陰陽之升降，乃時運之否泰，或交或散，
　　　　理之常也。泰既過中，則將變矣。聖人於三，尚云『艱貞
　　　　則有福』。蓋三爲將中，知戒則可保。四已過中矣，理必
　　　　變也，故專言始終反復之道。」（卷第二）

〈泰〉，《乾》下《坤》上，〈彖〉、〈象〉均以爲「天地交」，乃卦之二體際會
也。而三、四處於際會之地，三爲「將中」，四爲「過中」。將中者，近中也。
三尚近中位，處於危地故知戒懼；四則過中，理必有變。三交於四，其變必
矣。《程傳》以時之變革釋三，尚見於〈離〉與〈革〉之九三。其傳曰：

〈離‧九三〉：「日昃之離，……。」

《程傳》：「九三居下體之終，是前明將盡，後明當繼之時。人之始
　　　　終，時之革易也，故爲『日昃之離』，日下昃之明也；昃
　　　　則將沒矣。以理言之，盛必有衰，始必有終，常道也。達
　　　　者順理爲樂。」（卷第三）

〈革‧九三〉：「征凶，貞厲。革言三就，有孚。」

《程傳》：「九三以剛陽爲下之上，又居《離》之上，而不得中，躁
　　　　動於革者也。在下而躁於變革，以是而行，則有凶也。然
　　　　居下之上，事苟當革，豈可不爲也？在乎守貞正而懷危
　　　　懼，順從公論，則可行之不疑。」（卷第五）

〈離‧九三〉爻辭有「日昃之離」之語。日昃將暗，其離已弱，乃「時之革
易」也。程頤藉以申盛衰、始終，乃天之常道，諭人應「順理爲樂」，樂天知
命。〈革‧九三〉亦處於變革之時，躁動雖有凶險，然程頤勉人，「事苟當革，
豈可不爲」？在乎守正懷懼，「順從公論」也。「行之不疑」，即「見義不爲無
勇也」之旨；非夫子之教而誰歟？

　　胡氏論二體際會，大抵如上所述。然於《程傳》之應用，亦僅止於上述
諸爻，非普及使用者。蓋三、四爻之際會，尚須配合卦義、爻位、爻變與爻
德，程頤所謂「卦才」者是也。如〈乾‧九三〉之危懼，因其「重剛而不中」
故也。剛則動，不中則過，動之過，故易招危厲。苟陰爻處之，則無剛動之
弊矣，雖亦不中，其危較少。〈離‧九三〉之「日昃」，蓋離爲明故也。九三
處明之極位，表示暗將至矣。〈革〉爲變革之時，下體爲《離》，九三處其上，

是「在下而躁於變革」者，故必遇凶險，是爻辭「征凶」之謂也。程頤解《易》，既以傳辭為務，故其解必依違辭義，所謂曲徇經文也。故法無定法，前人之法，可採者而採之。隨時變易以從道，亦隨時取義也。既明《程傳》二體際會之說，以下即論其卦才之理解與應用。

三、程頤對卦才之理解與應用

　　卦才論亦為《程傳》之一大特色。〈下繫〉曰：「彖者，材也。」（第三章）王安石於〈訟‧彖〉下曰：「〈彖〉，言乎其才也。『訟有孚窒惕中吉』，此言九二之才也。『終凶』，此言上九之才也。『利見大人』，言九五之才也。『不利涉大川』，言一卦之才也。」〔註69〕爻有爻才，卦有卦才，乃安石之論。胡自逢謂：「王介甫好以『才』字命卦爻，固伊川所取也。」〔註70〕即謂程頤解《易》，其卦才論乃本於安石者也。本文第二章論《程傳》之淵源亦嘗概論之。考之《程傳》，稱「卦才」者四十八次，稱「其才」以論爻者三十一次，以「之才」稱卦與爻之才者一百二十八次。江超平曰：「伊川作《易傳》，旨在傳辭以通易道。卦才為〈彖辭〉之所由繫。蓋辭因才繫，欲通辭者，本乎卦才。故卦才明則〈彖辭〉明，〈彖辭〉明則卦義明。欲通一卦之義，舍卦才其何由？伊川之所以重卦才者在此。」〔註71〕超平之論固是，然宜概括爻才言也。

　　蓋安石論卦才，乃有所本。李鼎祚《周易集解》引劉巘曰：「彖者，斷也，斷一卦之才也。」李道平疏：「《正義》引褚氏、莊氏並云：『彖者，斷也，斷定一卦之義也。』其云『斷一卦之才者』，〈下繫〉曰：『彖者，材也。』韓注云：『材者，才德也。〈彖〉言成卦之材，以統卦義也。』」〔註72〕卦才之「才」字，〈下繫〉作「材」，劉巘作「才」，以為二字通用故也。然細考〈下繫〉之意，「材」宜作動詞用，非一般所謂「材質」之材也。〈下繫〉第三章全文如下：

　　　　是故《易》者，象也；象也者，像也。〈彖〉者，材也；爻也者，效天下之動者也。是故吉凶生而悔吝著也。

〈下繫〉首言「《易》者，象也」，謂《易》書以象示人，故「象」為動詞。

〔註69〕語見王鐵〈王安石《易義》輯存〉。《北宋易學》頁264。
〔註70〕《程伊川易學述評》頁329。
〔註71〕語見《伊川易學研究》頁58。台師大國研所1985年碩士論文。
〔註72〕《周易集解纂疏》頁35。

次言「象也者，像也」，謂取象之條件，乃以「相似」之事物爲「象」，故「像」亦爲動詞。次言「〈彖〉者，材也」，此「彖」字應指卦辭，非〈彖傳〉，觀下句「爻也者，效天下之動者」可推知也。先論卦，後論爻，其次第分明。爻有爻變，又有承乘比應之動，爻有「效法」之意，故言「效天下之動」。「效天下之動」亦爲一動態之敘述，非靜止之事也。綜合前後之意推之，「材」字亦爲一動詞。既爲動詞，則「材」字非解「材質」。再考之古籍，「材」可假借爲「裁」。《國語‧魯語下》載晉國大夫叔向之語曰：「苦匏不材於人，共濟而已。」（第五）〔晉〕韋昭注曰：「材，讀若裁也。『不裁於人』，言不可食也。」〔註73〕同書〈鄭語〉載鄭桓公問周室衰敗之事，〔周〕史伯之對話，有「計億事，材兆物」之語，注曰：「材，裁也。」（第十六）〔註74〕又考《荀子‧解蔽篇》：「經緯天地而材官萬物。」楊倞注：「材，謂當其分。……材，或爲『裁』也。」（卷十五）〔註75〕「裁」字亦可假借爲「財」。〈泰‧象〉曰：「天地交泰，后以財成天地之道。……」（卷第二）《纂疏》曰：「財，《釋文》云：『荀作裁。』《釋言疏》云：『財、裁音義同。』」〔註76〕材亦通才。古人用字，同音、音近之字，皆可相假也。《說文》「才」字下段注云：「凡才、材、財、裁、纔字，以同音通用。」（弟十一卷）〔註77〕

　　材既爲裁字之假借，則「彖者，材也」，即爲「彖者，裁也」。卦辭乃裁斷一卦之吉凶悔吝者也。裁斷一卦之吉凶悔吝，必有所根據；然卦爻辭但有斷語，而無稽可尋，於是〈彖〉、〈象〉紛出，以明其所以然。韓康伯、劉瓛之徒，皆以〈彖傳〉爲〈彖〉，故有「卦才」、「才德」之論。「才」爲「材質」，「德」爲踐履之行。儒理易學重道德說教，「才德」正爲君子所重者，故後儒不察前儒之誤，援之解《易》，遂生王安石、程頤卦才之論。安石卦才、爻才之論，其「才」字猶可以「裁斷」之意理解之，至《程傳》之卦才論，則已無裁斷之意，而皆以爲「才德」。〈彖〉之二體，〈象〉之二象，爻變、爻位，皆羅致其下，成爲《程傳》解卦之特色。茲以《程傳》釋〈恆‧彖〉爲例，即可見一斑。

〔註73〕《國語集解》頁 183。
〔註74〕前揭書，頁 471。
〔註75〕《荀子集解》頁 397。
〔註76〕《周易集解纂疏》卷三，頁 168。
〔註77〕《說文解字注》弟六篇注上，頁 274 下。

〈象〉曰:「恆,久也。恒者,常久之義也。剛上而柔下,雷風相與;巽而動,剛柔皆應,恆。」

《程傳》:「卦才有此四者,成〈恆〉之義也。

「剛上而柔下:謂《乾》之初,上居於四;《坤》之初,下居於初,剛爻上而柔爻下也。二爻易處,則成《震》《巽》。《震》上《巽》下,亦剛上而柔下也。剛處上而柔居下,乃恆道也。

「雷風相與:雷震則風發,二者相須,交助其勢,故云『相與』,乃其常也。

「巽而動:下巽順,上震動,爲以巽而動。天地造化,恆久不已者,順動而已。巽而動,常久之道也。動而不順,豈能常也?

「剛柔皆應:一卦剛柔之爻皆相應。剛柔相應,理之常也。

「此四者,恆之道也,卦所以爲恆也。」

《程傳》謂「卦才有此四者」,所謂「四者」,乃指爻變、卦象、卦德、爻位而言也。茲逐一析論如下:

爻變:〈恆〉(䷟)之爲卦,《巽》下《震》上。程頤主張諸卦皆由《乾》、《坤》所變,故謂《巽》乃《乾》之初爻由陽變陰而來,《震》乃《坤》之初爻由陰變陽而成。即〈象〉所謂「剛上而柔下」也。

二象:「雷風」,即〈恆〉之二象。「相與」,謂二象際會也。唯其際會,所以能「天地造化」。

二體:「巽而動」,乃〈恆〉之二體,謂其德也。巽者,順也。動而順,爲恆之道。豈有不順而能動之以恆者也?

爻位:「剛柔皆應」,謂卦之六爻,初與四,二與五,三與上,皆能陰陽相應也。

由上例可知,《程傳》之卦才論,其所謂才,已無裁斷之意,乃爲爻變、卦象、卦德、爻位之綜合結果。易言之,卦才者,一卦之體質也。及後,清儒王夫之《周易內傳》釋〈下繫〉之「象」字,云:「象者,體質之謂。」〔註78〕即承《程傳》之意而來。王夫之並以體用論申材爻之關係,胡自逢

_____

〔註78〕語見王夫之《周易內傳》卷六上。李一忻點校本,頁483。北京:九州出版社,2004年。

以爲「深得材之義蘊」，〔註79〕愚意則以爲汗漫矣。程頤體用一源之說，本乎萬物一體，皆源於天道；而《程傳》之作意，乃以天道而明人事。《易》以象示，即以象爲用也。然吾人觀象察意，則又以象爲體而人事爲用矣。象實爲天道、人事之仲介，非眞如之體也。程頤之卦才論，蓋含卦象、卦德、卦變、卦位四事，四事皆屬於象，皆爲體之用。故王夫之以材爲體，謂「《易》之全體在象」，〔註80〕而以爻變爲用，實不諳體用之旨。

　　程頤之卦才論大抵如上。至有爻才論者，其才之意，或云才質，或云材力，或與卦才之意混同，皆不離上述要旨。先賢已有著述，不敢掠美。〔註81〕要之，程頤卦才論係就王安石卦才說之應用與發揮，亦隨時取義之旨也。

〔註79〕胡語見胡著《程伊川易學述評》頁 165。
〔註80〕同注 78。
〔註81〕詳見胡著及江著。

餘　論

　　愚嘗讀董仲舒《春秋繁露》，責其倡天人感應之說，推陰陽災異之變，導人迷信，悖離夫子「敬鬼神而遠之」之教。仲舒之論，豈能便稱儒學？夫子以先師之智，確立其道德自省之大命；以仁、知、勇三德勉其弟子，作爲從政應遵守之官箴；以「人能弘道，非道弘人」之信念，建立人類存在之眞正價值；而仲舒以一代大儒之姿態推高其學，卻以天人感應與陰陽災異之論蠱惑人心，使孔學沉淪，儒學變質，故疑仲舒爲夫子之罪人也！

　　及讀《續資治通鑑》至神宗熙寧二年（1069），有臣子爲帝言災異皆天數，非人事得失所致者。富弼聞之，歎曰：「人君所畏惟天，若不畏天，何事不可爲者！」〔註 1〕驀然回首，驚覺錯疑仲舒矣。今語有謂：「有絕對權力，必有絕對腐化。」民主政制之在位者尚且如是，況古昔之帝王將相耶？仲舒有見及此，乃大智慧，遂悟其撰〈王道〉、〈必仁且智〉、〈治亂五行〉等諸篇之論，實有不得不已者。仲舒之論，有如夫子，乃對在位者言，非關群黎百姓。「萬方有罪，在予一人」，〈湯誥〉之戒己，猶仲舒之論君也。

　　漢歷秦廷浩劫，餘悸猶存。一人之妄作，足以塗炭天下之蒼生，其害尤過於海嘯山崩。海嘯山崩，一時一地而已；政治荼毒，千秋萬載，故仲舒欲以天譴論制當道，望執政者知所警惕，以愛人爲務，正己爲先。其〈仁義法〉曰：「以仁安人，以義正我。」乃《春秋》大義，雖非直反本心之論，亦不失夫子之遺教也。然漢武帝陽採其獨尊儒術之建議，而陰用統一思想之權謀；表面尊孔，實質廢孔。置五經博士與博士弟子員，第以利祿誘儒生入彀爾。

〔註 1〕《續資治通鑑》卷六十六，頁 1635。

令頒既下，一應如響，於是所謂博學鴻儒，經生士子，盡皆爲極權者之奴馬矣。少數抗衡者如司馬遷之屬，只能託之史筆，鬱鬱以終。

道沉千載，至趙宋始甦。學術承其國祚之變，當道一任儒者，儒學遂得以復興其幟。北宋諸儒，多具憂患與使命之意識。「居廟堂之高，則憂其民；處江湖之遠，則憂其君。是進亦憂，退亦憂；然則何時而樂耶？其必曰：『先天下之憂而憂，後天下之樂而樂』乎！」范仲淹〈岳陽樓記〉之名句也；其文確能反映當日儒者之心聲。程頤表叔張載，因詢邊功事，仲淹勸以讀〈中庸〉，遂由此參贊天地之道，出入老佛，致力於《易》，卒成一代鴻儒。《易》乃西周筮書，本非道德說教之作，自孔子韋編三絕，好其德義，《十翼》作者繼蹤申意，推天道以明人事，遂成儒學寶典。兩漢以禨祥之術研《易》，發明雖多，然不在德義，悖離孔孟之教，實乏善可陳也。王弼注《易》，雖重名教，然以「無」釋道，程頤謂其但以老莊之意解說而已，元不見道。然則道爲何物？程頤之意，以爲無非一理。一理之化，衍爲萬事；萬事之變，通歸一理。即所謂「理一而分殊」也。程頤以易道等同天道，天道等同天理，故其《易傳》，實乃傳天之道理者也。天之道理者何？〈易傳序〉云：「易，變易也；隨時變易以從道也。」天道即變易之理；人倘能識其變易之理，則知處世之方；遵其理，行其方，即爲從道者也。天理即人事（即，非即是義，乃相即不離義），人苟能順天理而行者，即爲從道也。而《程傳》者，既明天道，復申人事，以爲天道、人道，「體用一源，顯微無間」。理即爲體，事即爲用，一源於道。程頤天人合德之論，大抵如此。

愚讀《程傳》，蓋有所感焉。《易》本西周筮書，其辭艱晦，古語難明，藉之言道，固有窒礙，朱熹「兩節工夫」之論，即謂筮辭與義理無法若合符節者也。職是之故，舉燭之論，在所難免；附會之言，由是而申。程頤本輕漢儒章句之學，而重微言大義，故嘗謂詞語雖解錯無妨，道理能用即可。好發議論，乃當時學術風尚，非獨程頤之過也。程頤經學思想，在於明經致用，故讀《程傳》，宜就「用處」留心，斤斤計較其訓詁章句，以爲不合古義而無價值，昧於程學之一邊，乃是膚見。但論其哲思，詳分縷析，而不知君子自重之義，即知即行，亦爲無用。講師之事，亦程頤所鄙也。一時代有一時代之政治，亦有一時代之學術。政治變，學術亦變，以新識審視前人，固無不可，然妄加厚薄，月旦前人，即非中道。今之視昔，亦猶後之視今，焉知後人不妄論今人之失耶？是非對錯，本無恆定。一定定死，已與道離。然有一

理可恆定者，於道爲變易，於學爲宗主，於人爲踐履。學有宗主，宗主既定，即可以爲準繩。人本性善，擇善而從，即可以爲君子。就中國學術思想言之，儒家既以孔子爲宗，即以孔子之言論爲圭臬也；後世唯孟子能承其旨趣，故孔孟並稱聖人。荀子歧出，其判別在於「性惡」之論未能與夫子契心；然以治亂爲念，以行禮修身而致聖人，亦不失儒門之大義也。學術源流，是非可判。然荀子遭末世之亂，悲禮義不行，教化不成，故不得不爲憤激之言。猶仲舒天譴之說也，雖難苟同，亦宜曲諒。北宋儒學，遠接先秦，道喪千載，故稱復興。其學後人目爲新儒學。此時之所謂「新」，乃去陰陽災異之說，融易學之天道觀與釋氏之體用論以入儒，建立儒學天人合德之新說。程頤之學，即應時運而誕生者也。程頤關心治道，雖身罹黨禍，仍未怨天尤人，刻刻以致太平爲念。垂老之際，編管涪州，完成《易傳》。究其深意，乃藉《易》以論人事，欲爲君臣建立大節也。故《程傳》爲義理之書，非章句之學，以考據訓詁之標準繩之，無異緣木求魚。清儒詆毀宋學，亦未敢妄斥《程傳》，蓋由此之故也。以《易》論道，乃時代所需。自漢立五經博士，《五經》即爲洪範，君臣上下，莫不以爲典要。《易》又號稱群經之首，思想之源，其地位之高，更無庸議，據之論道，言出經典，帝王又豈敢輕視之耶？以《易》論道，非程頤獨尊，張載以下，儒釋道三家，凡藉《易》發揮者，何人能脫其窠臼？舉燭之言，附會之說，故亦宜應諒察。責其棄者而斥之，無異笑和尚無梳也。

《程傳》於考據、訓詁雖無大價值，然於義理則可採擷。蓋孔孟之學，本乎人性。人性本善，由此發端，雖不讀經亦可以致聖人；捨其善說，雖讀經亦難以爲君子。孔子謂「我欲仁，斯仁至矣」，即倡自覺與踐履之道德心也。知而不踐，是爲未覺，亦爲未知。禪宗明心見性，程頤知行合一，乃異曲而同趣者也。佛氏談空，程頤論實，儒佛之大義立判。空則寂滅，實則進退。進退之動，存乎一心。《程傳》於〈復·象〉曰：「先儒皆以靜爲見天地之心，蓋不知動之端，乃天地之心也。」（卷第三）天地既有進退，人亦如之。進退之道，其行爲即爲道德心之反映。道德心爲儒家所倡，此心乃屬天賦，即〈中庸〉所謂「天命之謂性」，與讀經無關；而既已讀經，則應更明白事理。〈大學〉首語所謂「大學之道在明明德」，「明明德」即此意也。古人讀書，志在從政，故夫子勉弟子務必要爲君子，毋爲小人。君子與小人之分野，即在於道德心之是否發揚爾。能發揚是心者，必能修己安人，在朝在野，皆爲成德之士。《程傳》承孔孟之大義，發揚儒道，事無大小，鉅細靡遺，皆發議論，

皆有可觀。本論文限於體例，僅止論《程傳》之學術傳承與儒理大義之發微，尚有細部可論述者則難免遺珠。茲舉〈泰·九二〉之例以略補其缺，雖尚有不足，猶可見其梗概也。程頤通達人情，亦由此例可見一斑。

〈泰·九二〉：「包荒，用馮河，不遐遺，朋亡；得尚于中行。」

《程傳》：「包荒、用馮河、不遐遺、朋亡四者，處泰之道也。人情安肆，則政舒緩而法度廢弛，庶事无節。治之之道，必有包含荒穢之量，則其施爲寬裕詳密，弊革事理，而人安之。若无含弘之度，有忿疾之心，則无深遠之慮；有暴擾之患，深弊未去，而近患已生矣。故在『包荒』也。

「用馮河：泰寧之世，人情習於久安，安於守常，惰於因循，憚於更變，非有馮河之勇，不能有爲於斯時也。馮河，謂其剛果，足以濟深越險也。自古泰治之世，必漸至於衰替，蓋由狃習安逸，因循而然。自非剛斷之君，英烈之輔，不能挺持奮發，以革其弊也。故曰『用馮河』。

「或疑：上云『包荒』，則是包含寬容；此云『用馮河』，則是奮發改革，似相反也。不知以含容之量，施剛果之用，乃聖賢之爲也。

「不遐遺：泰寧之時，人心狃於泰，則苟安逸而已，烏能復深思遠慮，及於遐遠之事哉？治夫泰者，當周及庶事，雖遐遠不可遺。若事之微隱，賢才之在僻陋，皆遐遠者也，時泰則固遺之矣。

「朋亡：夫時之既泰，則人習於安；其情肆而失節，將約而正之，非絕去其朋與之私，則不能也。故云『朋亡』。

「自古立法制事，牽於人情，卒不能行者多矣。若夫禁奢侈，則害於近戚；限田產，則妨於貴家。如此之類，既不能斷以大公而必行，則是牽於朋比也。治泰不能朋亡，則爲之難矣。

「治泰之道，有此四者，則能合於九二之德，故曰『得尚于中行』，言能配合中行之義也。尚，配也。」（卷第二）

〈泰卦〉象徵「天地通泰」。以人事言之，上有聖君，下有賢臣；君子得位，小人在下，朝廷、天下之通泰也。吾人處於此時，固爲幸爲樂；然亦非無憂者。程頤即於此卦指出其隱憂之處凡三：一、「人情安肆，則政舒緩而法度廢弛，庶事无節」；二、「安於守常，惰於因循」；三、「苟安逸，烏能復深

思遠慮」。故程頤藉〈泰・九二〉爻辭建議治之之道。「包荒，用馮河，不遐遺，朋亡」四者，即爲治泰之道也。「包荒」，程頤採王弼說，〔註2〕以爲「包含荒穢」。王弼未解何以要「包含荒穢」，程頤申之，以爲「有暴擾之患，深弊未去，而近患已生矣」。「暴擾」者，除惡務盡，過於急遽，則人以爲「擾」也。此乃物極必反之理。人心未安，必生反抗，亂由是起。舊弊未除，新患又至，故程頤戒人循序漸進，防範未然，於改革之初，必先「包含荒穢」，再「寬裕詳密」，使「弊革事理」。改革之事，以人心安之爲務，安之而後動，則事無不革矣。

　　「用馮河」，王弼以爲「受納馮河」，採《論語》「暴虎馮河」之意也。王弼意指受納剛暴之人，胡瑗取之，而程頤不取，以爲「馮河之勇」。改革之事，非有「馮河之勇」則不能濟事。「剛斷之君，英烈之輔」，方足以興革除弊。「馮河」爲處事「剛果」之意，非謂剛暴之人也。程頤謂處事須剛果之勇，已可間接否定漢儒許愼「儒柔」之說矣。柔之體質，又如何能興革除弊？

　　「不遐遺」，王弼注謂「无所遐棄」。程頤申之，「若事之微隱，賢才之在僻陋，皆遐遠者也」。於泰之時，微隱之事，賢良之才，易遭忽略。防微杜漸，廣納賢良，故宜「當周及庶事，雖遐遠不可遺。」「深思遠慮」，既爲行政者勉，亦爲改革者戒也。

　　「朋亡」，王弼注：「无私无偏，存乎光大。」即謂去朋黨之意。程頤深受黨累，痛切朋黨之非。晚年嘗省視變法之敗，以爲黨爭之太過，應兩分其罪。故《程傳》亦主去朋黨之說。切膚之痛，固非一般陳說也。

　　程頤洞察人情，於「若夫禁奢侈，則害於近戚；限田產，則妨於貴家」之語可知。故非有「馮河之勇」，不足以言興革也。「馮河之勇」，易流於暴，故治泰之四事，要之，亦宜「尙于中行」。「中行」即中道。王弼注「中行」謂五。意謂二之行事宜配合六五之君。程頤不採，謂「中行」爲「中行之義」。程頤有「中重於正」之說，行「中道」，爲《程傳》之大旨也。治事以中，無暴無朋，則可「弊革事理」，使泰世永續不衰，此程頤之理想，亦儒學之旨趣也。

　　或曰：《程傳》君臣之論，已不符現代民主政制之需求。愚以爲非也。民主政制雖無君臣之目，然有民主機制與行政倫理之要義，猶古代之禮法也。盜亦有道，況政府耶？民主國家之觀念，國家爲人民所有，已非如古代之君

〔註 2〕王弼說具見於《周易注》上經。《王弼集校釋》頁 277。

權神授,能獨享國家資源。人民爲國家之主人,一國之總統乃經由人民選舉所產生者,依其國法爲人民代理國家事務。王者,往也,天下所歸往也。選舉之義,當選者即天下所歸往。故在位者仍應以愛民爲務,猶古之王者。政制雖異,其理並無不同。政治人物應以民意爲依歸,而所謂民意,首在養民,使之能安。神宗變法,陽在財利,陰在兵事,圖復失地,故富弼勸其二十年不動邊事,神宗默然不對。養民致富,近悅遠來,何愁失地之不復也。在位者既以民意是依,爲官者又豈能不重視民意?至於行政倫理,各有所專,亦應各本其位,盡其職分,政府機制始能正常運作。上位者一旦私心萌焉,在下之人,宜曉以大義,革其非心,使歸於正。直道而行,知所進退,君子之事也。《程傳》之道理,實足以爲官箴。政者,正也。正人正己,爲治國之根本道理。《程傳》戒人戒己,使人我皆歸之於中正。其教戒之深,思慮之遠,非聖人不能及也。視之爲政治哲學之寶典,不亦宜乎?

參考文獻

甲、古典文獻

一、經部

1. 〔魏〕何晏,《論語集解》(《文淵閣四庫全書》),台灣商務印書館。
2. 〔唐〕郭京,《周易舉正》(《文淵閣四庫全書》),台灣商務印書館。
3. 〔唐〕史徵,《周易口義訣》(《文淵閣四庫全書》),台灣商務印書館。
4. 〔唐〕李鼎祚《周易集解》(《文淵閣四庫全書》),台灣商務印書館。
5. 〔北宋〕胡瑗,《周易口義》(《文淵閣四庫全書》),台灣商務印書館。
6. 〔北宋〕程頤《周易傳》(積德書堂覆元至正本),台灣藝文印書館。
7. 〔北宋〕程頤,《程氏經說》(《文淵閣四庫全書》),台灣商務印書館。
8. 〔北宋〕龔原,《周易新講義》(《文淵閣四庫全書》),台灣商務印書館。
9. 〔南宋〕朱熹,《周易本義》,北京九州出版社。
10. 〔南宋〕朱熹,《七經語類》,上海古籍出版社。
11. 〔南宋〕朱熹,《四書章句集注》,北京中華書局。
12. 〔南宋〕朱鑑,《文公易說》(《文淵閣四庫全書》),台灣商務印書館。
13. 〔南宋〕朱鑑,《文公易說》(《通志堂經解》),大通書局。
14. 〔元〕董真卿,《周易會通》(《文淵閣四庫全書》),上海人民出版社。
15. 〔清〕王夫之,《周易內傳》,北京九州出版社。
16. 〔清〕王引之,《經義述聞等三種》,鼎文書局。
17. 〔清〕皮錫瑞,《經學歷史》,台灣藝文印書館。
18. 〔清〕皮錫瑞,《經學通論》,北京中華書局。

19. 〔清〕阮元，《十三經注疏》（江西南昌府本），台灣藝文印書館。
20. 〔清〕李道平，《周易集解篡疏》（潘雨廷點校），北京中華書局。
21. 〔清〕段玉裁，《說文解字注》，黎明文化事業公司。
22. 〔清〕劉寶楠，《論語正義》，北京中華書局。
23. 〔清〕焦循，《孟子正義》，北京中華書局。
24. 〔清〕馬瑞辰，《毛詩鄭箋通釋》，廣文書局。
25. 〔清〕張惠言，《易學十書》，廣文書局。
26. 〔清〕陳澧，《東塾讀書記》，上海古籍出版社。
27. 〔現代〕范文瀾，《群經概論》，北平樸社。
28. 〔現代〕程樹德，《論語集釋》，北京中華書局。
29. 〔現代〕毛炳生，《易程傳集校》，花木蘭文化出版社。
30. 《大易類聚初集》，新文豐出版社。

二、史部

1. 〔西漢〕司馬遷，《史記》（日人瀧川資言考證本），洪氏出版社。
2. 〔東漢〕班固，《漢書》（王先謙補注），台灣藝文印書館。
3. 〔西晉〕陳壽，《三國志》，鼎文書局。
4. 〔南朝・宋〕范曄，《後漢書》（王先謙集解），台灣藝文印書館藝文。
5. 〔後晉〕劉昫，《舊唐書》，鼎文書局。
6. 〔北宋〕范仲淹，《范文正奏議》（《文淵閣四庫全書》），台灣商務印書館。
7. 〔北宋〕邵伯溫，《邵氏聞見錄》，北京中華書局。
8. 〔南宋〕朱熹，《伊洛淵源錄》（《文淵閣四庫全書》），台灣商務印書館。
9. 〔南宋〕陳振孫，《直齋書錄解題》，台灣商務印書館。
10. 〔南宋〕晁公武，《郡齋讀書志》，台灣商務印書館。
11. 〔南宋〕李攸，《宋朝事實》（《文淵閣四庫全書》），台灣商務印書館。
12. 〔南宋〕李燾，《續資治通鑑長編》（《文淵閣四庫全書》），台灣商務印書館。
13. 〔南宋〕徐自明，《宋宰輔編年錄》（《文淵閣四庫全書》），台灣商務印書館。
14. 〔元〕馬端臨，《文獻通考》，新文豐出版社。
15. 〔元〕脫脫等，《宋史》，北京中華書局。
16. 〔元〕吳師道，《戰國策校注》（《文淵閣四庫全書》），台灣商務印書館。
17. 〔元〕徐元誥，《國語集解》（王樹民、沈長雲點校），北京中華書局。

18. 〔清〕顧炎武,《日知錄》（黃汝成集釋,欒保羣、呂宗力點校）上海古籍出版社。
19. 〔清〕朱彝尊,《經義考》,中文出版社。
20. 〔清〕朱彝尊,《經義考》（侯美珍、黃智明、陳恆嵩點校）中央研究院。
21. 〔清〕永瑢等編撰,《四庫全書總目提要》,台灣商務印書館。
22. 〔清〕段玉裁,《戴東原先生年譜》,大化書局。
23. 〔清〕畢沅,《續資治通鑑》,北京中華書局。
24. 〔清〕瞿鏞,《鐵琴銅劍樓藏書目錄》,廣文書局。
25. 〔清〕王先謙,《郡齋讀書志》,廣文書局。
26. 〔現代〕于浩,《宋明理學家年譜》,北京圖書館出版社。

三、子部
1. 〔東漢〕高誘,《淮南鴻烈解》,河洛圖書出版社。
2. 〔東漢〕高誘,《呂氏春秋解》,廣文書局。
3. 〔唐〕楊倞,《荀子注》,廣文書局。
4. 〔南宋〕黎靖德編,《朱子語類》（王星賢點校）,北京中華書局。
5. 〔清〕黃宗羲等,《宋元學案》（陳金生、梁運華點校）,北京中華書局。
6. 〔清〕陳立,《白虎通疏證》（吳則虞點校）,北京中華書局。
7. 〔清〕王先謙,《荀子集解》（沈嘯寰、王星賢點校）,北京中華書局。
8. 〔清〕蘇輿,《春秋繁露義證》（鍾哲點校）,北京中華書局。
9. 〔現代〕郭慶藩,《莊子集釋》,河洛圖書出版社。
10. 〔現代〕陳奇猷,《韓非子集釋》,河洛圖書出版社。
11. 〔現代〕梁啓雄,《荀子柬釋》,台灣商務印書館。
12. 〔現代〕張純一,《墨子集釋》,文史哲出版社。
13. 〔現代〕樓宇烈,《王弼集校釋》,華正書局。

四、集部
1. 〔唐〕韓愈,《韓昌黎集》,河洛圖書出版社。
2. 〔北宋〕王安石,《王安石全集》,河洛圖書出版社。
3. 〔北宋〕周敦頤,《周敦頤集》（陳克明點校）,北京中華書局。
4. 〔北宋〕歐陽脩,《歐陽脩全集》,河洛圖書出版社。
5. 〔北宋〕程顥、程頤,《二程集》（王孝魚點校）,北京中華書局。
6. 〔南宋〕朱熹,《晦庵集》（《文淵閣四庫全書》）,台灣商務印書館。
7. 〔南宋〕周行己,《浮沚集》（《文淵閣四庫全書》）,台灣商務印書館。

8. 〔南宋〕黃震，《黃氏日抄》（《文淵閣四庫全書》），台灣商務印書館。

9. 〔南宋〕楊時，《龜山集》（《文淵閣四庫全書》），台灣商務印書館。

10. 〔南宋〕張栻，《南軒集》（《文淵閣四庫全書》），台灣商務印書館。

11. 〔南宋〕文天祥，《文山集》（《文淵閣四庫全書》），台灣商務印書館。

12. 〔明〕王守仁，《王文成全書》（《文淵閣四庫全書》），台灣商務印書館。

13. 〔明〕徐必達，《二程全書》（四庫備要），台灣中華書局。

14. 〔清〕章學誠，《文史通義校注》（葉瑛校注），北京中華書局。

五、佛典

1. 〔唐〕澄觀，《華嚴經行願品疏》（《卍續藏經》），台北中國佛教會影本。

2. 〔唐〕澄觀，《華嚴經行願品疏鈔》（《卍續藏經》），台北中國佛教會影本。

3. 〔唐〕澄觀，《華嚴經疏鈔玄談》（《卍續藏經》），台北中國佛教會影本。

4. 〔唐〕澄觀，《華嚴法界玄鏡》（《大藏經》），日本東京大藏經刊行會。

5. 〔唐〕裴休，《注華嚴法界觀門》，日本東京大藏經刊行會。

6. 〔北宋〕釋道原，《景德傳燈錄》，新文豐出版社。

7. 〔明〕宗本，《歸元直指集》（《卍續藏經》），台北中國佛教會影本。

8. 〔清〕丁福保，《六祖壇經箋注》，天華出版公司。

乙、近人論述

一、學術史類（以姓氏筆劃為序）

1. 王鈞林，《中國儒學史‧先秦卷》，廣東教育出版社。

2. 朱伯崑，《易學哲學史》，藍燈文化事業公司。

3. 任繼愈，《中國哲學史》，北京人民出版社。

4. 胡適，《中國古代哲學史》，台灣商務印書館。

5. 徐復觀，《中國人性論史》，台灣商務印書館。

6. 梁啓超，《先秦政治思想史》，天津古籍出版社。

7. 湯用彤，《漢魏兩晉南北朝佛教史》，台灣商務印書館。

8. 湯用彤，《隋唐及五代佛教史》，慧炬出版社。

9. 曾繁康，《中國政治思想史》，大中國圖書公司。

10. 勞思光，《新編中國哲學史》，三民書局。

11. 馮友蘭，《中國哲學史》，香港三聯書局。

12. 馮友蘭，《中國哲學史新編》，北京人民出版社。

13. 傅樂成，《中國通史》，大中國圖書公司。

14. 游彪，《宋史——文治昌盛與武功弱勢》，三民書局。

15. 蔡日新，《中國禪宗的形成》，雲龍出版社。

16. 蔡元培，《中國倫理學史》，台灣商務印書館。

17. 錢穆，《中國近三百年學術史》，北京商務印書館。

18. 蕭公權，《中國政治思想史》，聯經出版社。

二、論著

1. 土田健次郎，《道學之形成》，上海古籍出版社。

2. 王鐵，《宋代易學》，上海古籍出版社。

3. 牟宗三，《心體與性體》，正中書局。

4. 牟宗三，《佛性與般若》，學生書局。

5. 牟宗三，《圓善論》，聯合報系文化基金會。

6. 李鏡池，《周易探源》，北京中華書局。

7. 李日章，《程顥、程頤》，東大圖書公司。

8. 李哲賢，《荀子之核心思想》，文津出版社。

9. 李圃主編，《古文字詁林》，上海教育出版社。

10. 余英時，《士與中國文化》，上海人民出版社。

11. 余英時，《中國思想傳統的現代詮釋》，聯經出版社。

12. 余敦康，《內聖外王的貫通，北宋易學的現代闡釋》，學林出版社。

13. 余敦康，《漢宋易學解讀》，華夏出版社。

14. 何廣棪，《陳振孫之經學及其直齋書錄解題經錄考證》，里仁書局。

15. 杜保瑞，《北宋儒學》，台灣商務印書館。

16. 屈萬里，《先秦漢魏易例述評》，學生書局。

17. 林麗貞，《王弼》，東大圖書公司。

18. 胡適，《談儒》，遠流出版社。

19. 胡自逢，《程伊川易學述評》，文史哲出版社。

20. 姜海軍，《程頤易學思想研究》，北京師範大學。

21. 唐君毅，《中國哲學原論‧導論篇》，學生書局。

22. 唐君毅，《中國哲學原論‧原性篇》，學生書局。

23. 高亨，《周易大傳今注》，齊魯書社。

24. 陳鼓應，《道家易學建構‧先秦道家易學發微》，台灣商務印書館。

25. 章炳麟，《章太炎講國學》，吉林人民出版社。

26. 梁啟超，《儒家哲學》，上海人民出版社。

27. 梁啓超,《飲冰室專集》之五十九,上海中華書局。

28. 梁書弦,《程氏易傳導讀》,齊魯書社。

29. 張立文,《帛書周易注譯》,中州古籍出版社。

30. 張麗珠,《中國哲學史三十講》,里仁書局。

31. 黃慶萱,《周易讀本》,三民書局。

32. 黃慶萱,《修辭學》,三民書局。

33. 黃沛榮,《易學乾坤》,大安出版社。

34. 黃忠天,《周易程傳註評》,高雄復文圖書公司。

35. 程石泉,《易學新探》,黎明文化事業公司。

36. 程元敏,《三經新義輯考彙評(一)——尚書》,國立編譯館。

37. 楊新勛,《宋代疑經研究》,中華書局。

38. 熊十力,《原儒》,史地教育出版社。

39. 熊十力,《乾坤衍》,上海書店。

40. 廖名春,《帛書易傳初探》,文史哲出版社。

41. 廖名春,《帛書周易論集》,上海古籍出版社。

42. 鮑國順,《儒學研究集》,高雄復文圖書公司。

43. 戴璉璋,《易傳之形成及其思想》,文津出版社。

44. 錢穆,《宋明理學概述》,北京九州出版社。

45. 錢穆,《先秦諸子繫年》,東大圖書公司。

46. 錢穆,《孔子傳》,東大圖書公司。

47. 龐樸,《竹帛〈五行篇〉校注及研究》,萬卷樓圖書有限公司。

48. 顧頡剛,《古史辨》,明倫出版社。

三、碩、博士論文

(1) 博士論文

1. 孫廣德,《先秦兩漢陰陽五行說的政治思想》,政大政研所,1968 年。

2. 黃慶萱,《魏晉南北朝易學書考佚》,台師大國研所,1975 年。

3. 羅家祥,《北宋黨爭研究》,北京大學,1989 年。

4. 劉復生,《北宋中期儒學復興運動》,四川大學,1990 年。

5. 陳京偉,《程伊川易學思想研究》,山東大學,2005 年。

(2) 碩士論文

1. 江超平,《伊川易學研究》,台師大國研所,1985 年。

2. 鄭相峰,《伊川道德實踐之理論依據及其展開》,台大哲研所,1988 年。

3. 周芳敏，《王弼及程頤易學思想之比較研究》，台大中研所，1993 年。

4. 蔡府原，《從伊川易傳探伊川思想》，台師大國研所，1999 年。

5. 楊東，《王弼易學與程頤易學的比較研究》，四川社科院，2002 年。

6. 陳淑娟，《論程氏易傳對十翼天人思想的繼承與發展》，台大哲研所，2003 年。

7. 紀幸芯，《論程頤之事與理》，台大哲研所，2005 年。

8. 劉樂恆，《程氏易傳研究》，華東師大，2006 年。

四、期刊論文

1. 王桓餘，〈由古文字中的「尹」、「君」論其與「君子」及其相關諸問題〉。

2. 《中央研究院成立五十週年紀念論文集》，1978 年。

3. 林麗貞，〈《易傳》附經的起源問題〉，《孔孟月刊》卷 17，1978 年。

4. 黃忠天，〈論《伊川易傳》的價值與得失〉，《文與哲》2003 年 12 月。

5. 龐樸，〈馬王堆帛書解開了思孟五行說之謎〉，《文物》1997 年 10 月。

6. 姜海軍，〈《程氏易傳》之成書及流傳考〉，《周易研究》2007 年 5 月。

7. 毛炳生，〈《伊川易傳》考述〉，《東方人文學誌》2009 年 9 月。

8. 毛炳生，〈《論語》「君子之學」析論〉，《新亞論叢》2011 年 12 月。

附錄一　本論文引用人物生卒年表

※ 內容以正文所見人物爲限，注釋所出現之人物不與焉。

〔上古〕
　　伏犧（不詳）
　　女媧（不詳）
　　黃帝（不詳）

〔唐〕
　　堯（不詳）

〔虞〕
　　舜（不詳）
　　鯀（不詳）

〔夏〕
　　禹（不詳）
　　桀（不詳）

〔商〕
　　湯（不詳）
　　伊尹（不詳）
　　紂（不詳）

〔周〕
　　微子啓（不詳）

箕子（不詳）
周文王（前 1152～1056）
周武王（前？～1043）
周公旦（不詳）
周成王（不詳）
魯公（伯禽）（前？～997）
穆姜（不詳）
叔向（不詳）
史伯（不詳）
弗父何（不詳）
鮒祀（不詳）
孔父嘉（不詳）
宋穆公（不詳）
華父督（不詳）
孔防叔（不詳）
鄭桓公（前？～771）
齊桓公（前 716～643）
晉文公（前 697～628）
卜徒父（不詳）
叔梁紇（前 627～554）

顏徵在（前 568～535）　　漆彫開（前 510～450）

子產（？～前 522）　　子夏（前 507～420）

郱文公（不詳）　　魏文侯（前？～396）

魯定公（？～前 468）　　子游（前 506～445）

齊景公（前 547～490）　　子張（不詳）

季孫氏、季氏（不詳）　　冉有（不詳）

孟僖子（前？～518）　　公西華（不詳）

老子（不詳）　　仲弓（不詳）

孔子（前 551～479）　　原思（不詳）

魯哀公（不詳）　　曾參（前 505～436）

陽貨（不詳）　　子思（前 483～402）

史魚（不詳）　　墨翟（前 480～390）

崔杼（不詳）　　梁惠王（前 400～319）

葉公（不詳）　　楊朱（前 395～335）

公山弗擾（不詳）　　孟子（前 390～305）

佛肸（不詳）　　淳于髡（前 385～305）

荷篠丈人（不詳）　　莊子（前 365～290）

蘧伯玉（不詳）　　齊宣王（前 350～301）

冉伯牛（前 544～439）　　公孫丑（不詳）

子路（季路）（前 542～480）　　王子墊（不詳）

閔子騫（前 536～487）　　夷子（不詳）

樊遲（不詳）　　齊襄王（前？～265）

曾點（不詳）　　魏襄王（前？～296）

商瞿（前 522～？）　　屈原（前 343～299）

顏淵（回）（前 521～481）　　北宮錡（不詳）

子貢（前 520～450）　　北宮黝（不詳）

宰我（前 520～481）　　孟施舍（不詳）

范蠡（不詳）　　秦昭王（前 325～251）

原憲（前 515～？）　　荀子（前 313～238）

澹臺滅明（前 512～？）　　鄒衍（前 305～240）

有子（前 518～457）　　呂不韋（前 290～235）

韓非子（前 280～233）

〔秦〕

秦始皇（前 259～210）

李斯（前 280～208）

陳勝（不詳）

吳廣（前？～208）

〔漢〕

司馬談（？～110）

董仲舒（前 179～104）

漢武帝（前約 156～87）

孔安國（不詳）

司馬遷（前 145～86）

京房（前 77～37）

劉向（前 77～6）

費直（不詳）

孟喜（不詳）

光武帝（前 6～西元 57）

班固（32～92）

許慎（約 58～147）

馬融（79～166）

趙岐（108～201）

鄭玄（127～200）

荀爽（128～190）

〔三國〕

劉備（161～223）

虞翻（164～233）

諸葛亮（181～234）

陸績（187～219）

何晏（？～249）

王肅（195～256）

韋昭（204～273）

王弼（226～249）

〔晉〕

杜預（222～285）

郭象（252～312）

干寶（？～336）

王羲之（321～379）

鳩摩羅什（343～413）

裴松之（372～451）

僧肇（383～414）

韓康伯（不詳）

〔南北朝〕

王叔之（不詳）

劉瓛（不詳）

梁武帝（464～549）

達摩（不詳）

皇侃（488～545）

智者（538～597）

張氏（不詳）

何氏（不詳）

莊氏（不詳）

褚氏（不詳）

〔唐〕

陸德明（約 550～630）

孔穎達（574～648）

崔憬（不詳）

李鼎祚（不詳）

顏師古（581～645）

弘忍（602～674）

神秀（606～706）

武則天（624～705）

李善（630～689）

慧能（六祖）（638～713）

法藏（643～712）

普寂（651～739）

唐中宗（656～710）

神會（670～758）

青原行思（？～740）

懷讓（677～744）

澄觀（737～838）

韓愈（768～824）

李翱（774～836）

楊倞（不詳）

杜牧（803～852）

唐武宗（814～846）

裴休（不詳）

〔五代〕

周世宗（921～959）

〔宋〕

陳摶（872～989）

宋太祖（927～976）

宋太宗（939～997）

宋眞宗（968～1022）

范仲淹（989～1052）

胡瑗（993～1059）

富弼（1004～1082）

皇甫泌（不詳）

張根（不詳）

倪天隱（不詳）

文彥博（1006～1097）

歐陽修（1007～1072）

韓琦（1008～1075）

蘇洵（1009～1066）

陳升之（1011～1079）

劉牧（1011～1064）

宋仁宗（1011～1063）

邵雍（1012～1077）

周敦頤（1017～1073）

呂公著（1018～1089）

（呂申公）

司馬光（1019～1086）

張載（1020～1077）

王安石（1021～1086）

傅堯俞（1024～1091）

楊繪（1027～1088）

孫覺（1028～1090）

顧臨（1028～1099）

呂陶（1028～1104）

劉摯（1030～1098）

沈括（1031～1095）

李椿年（不詳）

宋英宗（1032～1067）

呂惠卿（1032～1111）

宋英宗皇后高氏（1032～1093）

程顥（1032～1085）

（明道）

程頤（1033～1107）

（程頤、伊川）

程端中（不詳）

張閎中（不詳）

吳宗愈（不詳）

梁燾（1034～1097）

蘇軾（1036～1101）

王覿（1036～1103）

朱光庭（1037～1094）

賈易（不詳）

孔文仲（1038～1088）

范祖禹（1041～1098）

王嚴叟（1043～1093）

龔原（1043～1110）

耿南仲（？～1129）

呂大臨（1044～1091）

蔡京（1047～1126）

宋神宗（1048～1085）

劉安世（1048～1125）

謝顯道（1050～1103）

楊時（1053～1135）

邵伯溫（1057～1134）

鄒浩（1060～1111）

尹焞（1061～1132）

郭忠孝（？～1128）

周行己（1067～1125）

張繹（1071～1108）

呂堅中（不詳）

邢純（不詳）

朱震（1072～1138）

宋哲宗（1076～1100）

宋徽宗（1082～1135）

呂本中（1084～1145）

宋欽宗（1100～1156）

宋高宗（1107～1187）

張九成（1092～1159）

晁公武（1105～1180）

王侗（不詳）

朱熹（1130～1200）

（朱子）

呂祖謙（1137～1181）

魏了翁（1178～1237）

陳振孫（1179～1262）

黃震（1213～1281）

朱鑑（不詳）

宋度宗（1240～1274）

王應麟（1223～1296）

文天祥（1236～1283）

熊節（不詳）

〔元〕

馬端臨（1254～1323）

張九韶（1314～1396）

董眞卿（不詳）

陳天祥（不詳）

譚善心（不詳）

〔明〕

胡一桂（1247～？）

胡廣（1369～1418）

何喬新（1427～1502）

王陽明（1472～1528）

唐樞（1497～1574）

郝敬（1558～1639）

馮可當（不詳）

〔清〕

黃宗羲（1610～1695）

王夫之（1619～1692）

毛奇齡（1623～1716）　　　　胡適（1891～1962）

朱彝尊（1629～1709）　　　　湯用彤（1893～1964）

閻若璩（1636～1704）　　　　顧頡剛（1893～1980）

黃百家（1643～1709）　　　　錢穆（1895～1990）

焦循（1703～1760）　　　　　馮友蘭（1895～1990）

盧文弨（1717～1796）　　　　徐中舒（1898～1991）

戴震（1724～1777）　　　　　高亨（1900～1986）

段玉裁（1735～1815）　　　　李鏡池（1902～1975）

章學誠（1738～1801）　　　　徐復觀（1903～1982）

王念孫（1744～1832）　　　　屈萬里（1907～1979）

汪中（1745～1794）　　　　　牟宗三（1909～1995）

劉台拱（1751～1805）　　　　唐君毅（1909～1978）

郝懿行（1757～1825）　　　　程石泉（1909～2005）

張惠言（1761～1802）　　　　胡自逢（1910～2004）

王引之（1766～1834）　　　　任繼愈（1916～2009）

劉寶楠（1791～1855）　　　　朱伯崑（1923～2007）

吳廷棟（1793～1873）　　　　勞思光（1927～　）

瞿鏞（1800～1864）　　　　　余敦康（1930～　）

陳澧（1810～1882）　　　　　余英時（1930～　）

俞樾（1821～1907）　　　　　黃慶萱（1932～　）

楊守敬（1839～1915）　　　　戴璉璋（1932～　）

王先謙（1842～1917）　　　　盧連章（1934～　）

皮錫瑞（1850～1908）　　　　陳鼓應（1935～　）

〔當代〕　　　　　　　　　　李日章（1938～　）

孫中山（1866～1925）　　　　何廣棪（1940～　）

蔡元培（1868～1940）　　　　林益勝（1943～　）

章炳麟（1869～1936）　　　　黃沛榮（1945～　）

梁啓超（1873～1929）　　　　林麗貞（1947～　）

梁啓雄（不詳）　　　　　　　王鐵（1948～　）

程樹德（1877～1944）　　　　梁書弦（1953～　）

熊十力（1885～1968）　　　　黃忠天（1958～　）

　　吳龍輝（1965～）

　　姜海軍（1977～）

　　杜保瑞（不詳）

　　王孝魚（不詳）

　　樓宇烈（不詳）

　　江超平（不詳）

　　蔡府原（不詳）

　　陳淑娟（不詳）

　　陳京偉（不詳）

　　劉樂恆（不詳）

　　胡培基（不詳）

　　周芳敏（不詳）

　　楊東（不詳）

　　楊軍（不詳）

　　王成玉（不詳）

　　朱剛（不詳）

　　劉小嬿（不詳）

〔日〕

　　伊藤維楨（1627～1705）

　　瀧川資言（1865～1946）

　　土田健次郎（1949～）

附錄二　有關程頤易學之期刊論文

1. 胡自逢，〈伊川易學綜要〉，《中華學苑》，1974 年 14 期。

2. 胡自逢，〈伊川易學之基本思想〉，《中華學苑》，1975 年 15 期。

3. 胡自逢，〈伊川論易卦二體之際會〉，《孔孟學報》，1975 年 29 期。

4. 胡自逢，〈伊川易卦之初終〉，《孔孟學報》，1976 年 32 期。

5. 胡自逢，，〈伊川論卦才〉，《中華學苑》，1976 年 18 期。

6. 胡自逢，〈伊川論《周易》對待之原理〉，《孔孟學報》，1978 年 35 期。

7. 胡自逢，〈程頤易學源流述略〉，《孔孟學報》，1982 年 43 期。

8. 胡自逢，〈伊川論《周易》教戒之大義〉，《中華易學》，1982 年 12 月～1983 年 1 月。

9. 胡自逢，〈伊川易學導論〉，《孔孟學報》，1984 年 47 期。

10. 金春峰，〈《周易程氏傳》思想研究〉，《中州學刊》，1984 年 4 期。

11. 胡自逢，〈伊川易學舉要之一〉，《國立中央大學文學院院刊》，1984 年 6 月。

12. 胡自逢，〈伊川易學舉要之二〉，《國立中央大學文學院院刊》，1985 年 6 月。

13. 胡自逢，〈伊川論《易》之「中」〉，《中華易學》，1986 年 6～7 月。

14. 胡自逢，〈伊川論《易》之感通〉，《中華易學》，1986 年 9 月。

15. 耿成鵬，〈程頤易學方法論〉，《河南師範大學學報》，1988 年 3 期。

16. 詹康，〈《易程傳》爻例考〉，《中國文學研究》，1992 年 5 月。

17. 蔡方鹿，〈程頤易學的特點及其在中國易學史上的地位〉，《周易研究》，1994 年 1 月。

18. 胡自逢，〈伊川易學述評〉，《中華易學》，1995 年 10 月～1998 年 3 月（連

載）。

19. 鈕恬，〈《程氏易傳》「與時進退」思想芻議〉，《甘肅社會科學》，1996 年 3 月。

20. 曾春海，〈比較王弼與程頤的《易》注及本體論〉，《哲學與文化》，1998 年 11 月。

21. 蔡方鹿，〈程朱實學的時代精神、特點與歷史地位〉，《開封大學學報》，1998 年 12 月。

22. 江弘毅，〈程頤《易傳》之基本觀〉，《元人文社會學報智大學》，1999 年 7 月。

23. 劉燕芸，〈以憂患之心，思憂患之故—程氏易學之爲政之道〉，《周易研究》，2000 年 2 月。

24. 謝桃坊，〈程頤蜀中行跡考〉，《中華文化論壇》，2001 年 1 月。

25. 〔韓〕徐大源，〈論程朱易學異同〉，《周易研究》，2001 年 3 月。

26. 李書有、伍玲玲，〈《伊川易傳》在程頤思想中的地位〉，《涪陵師院學報》，2003 年 1 月。

27. 蔡方鹿，〈程頤易學在中國易學發展史上的地位〉，《涪陵師院學報》，2003 年 1 月。

28. 戴璉蓉，〈《易程傳》誠信觀念試詮〉，《輔大中研所學刊》，2003 年 9 月。

29. 梁書弦，〈伊川先生的《周易》觀〉，《吉林師大學報》，2003 年 10 月。

30. 黃忠天，〈論《伊川易傳》的價值與得失〉，《文與哲》，2003 年 12 月。

31. 呂佩珊，〈《易程傳》婦女觀析論〉，《問學》，2004 年 4 月。

32. 楊東，〈王弼易與伊川易之比較——關於《周易》的體例與原則〉，《周易研究》，2004 年 5 月。

33. 陳京偉〈試論程頤對今本《周易》古經分篇的義理闡釋〉，《周易研究》，2004 年 6 月。

34. 黃忠天〈《伊川易傳》對宋代史事派易學之影響〉，《高雄師大學報》，2004 年 6 月。

35. 杜保瑞〈程頤易學進路的形上思想與功夫理論〉，《哲學與文化》，2004 年 10 月。

36. 張元〈朱子講歷史之三：評《伊川易傳》中的史例〉，《歷史月刊》，2005 年 3 月。

37. 胡楚生〈《伊川易傳》中政治思想之解析〉，《興大人文學報》，2005 年 6 月。

38. 劉長林〈論中——兼評程、朱對「中」的嚴重曲解〉，《周易研究》，2006 年 2 月。

39. 苟志效〈論程頤易學思想的符號學意蘊〉,《嶺南學報》,2006 年 2 月。
40. 郭立珍〈《周易》節卦思想闡微——以《周易程氏傳》爲例〉,《周易研究》,2006 年 2 月。
41. 黃忠天〈《二程集》易說初探〉,《周易研究》,2006 年 5 月。
42. 潘富恩〈論程頤《周易程氏傳》中的辯證法思想〉,《學習論壇》,2006 年 6 月。
43. 梁韋弦〈孔子、王弼、程頤在易學史上得貢獻〉,《孔孟月刊》,2007 年 2 月。
44. 姜海軍〈程頤校改《周易》述論〉,《洛陽師院學報》,2007 年 3 月。
45. 楊立華〈卦序與時義：程頤對王弼釋易體例的超越〉,《中國哲學史》,2007 年 4 月。
46. 姜海軍〈《程氏易傳》之成書及流傳考〉,《周易研究》,2007 年 5 月。
47. 姜海軍〈程頤的易學解釋學探研〉,《洛陽大學學報》,2007 年 9 月。
48. 康全誠〈程頤易學思想析論〉,《遠東通識學報》,2008 年 1 月。
49. 姜海軍〈程頤易學與理學建構〉,《洛陽師院學報》,2008 年 3 月。
50. 謝曉東〈程頤《易傳》中的民本思想〉,《周易研究》,2008 年 4 月。
51. 陳韋銓〈論程頤《易傳》對卦名及卦爻辭中喻象的義理詮釋〉,《應華學報》,2008 年 12 月。
52. 章偉文〈程頤易學中的歷史哲學思想探析〉,《周易研究》,2009 年 1 月。
53. 姜海軍〈胡瑗對程頤易學的啓發與影響〉。
54. 《儒家典籍與思想研究》第一輯,北大,2009 年 1 月。
55. 黃忠天〈二程易說的編纂與研究〉,《嘉大中文學報》,2009 年 3 月。
56. 唐紀宇〈論《程氏易傳》中的「中」〉,《中國哲學史》,2009 年 3 月。
57. 姜海軍〈程頤易學與《四書》學的互釋與會通〉,《中州學刊》,2009 年 9 月。
58. 毛炳生〈《伊川易傳》考述〉,《東方人文學誌》,2009 年 9 月。
59. 韓慧英〈《程氏易傳》的易道觀〉,《哲學動態》,2010 年 2 月。
60. 唐紀宇〈論《程氏易傳》中「才」之觀念〉,《周易研究》,2011 年 2 月。